Da war ich auf einmal mitten im Busch, zusammen mit noch einer Frau und zwei ziemlich wilden Pferden. Wir hatten keine Ahnung vom „Überleben" und waren darauf angewiesen, das Essen auf Märkten und in Dörfern zu kaufen. Aber das Land wurde zur Halbwüste, Dörfer waren schwer zu finden, dann gab es gar keine mehr, und wir hatten etwa eine Woche lang nichts zu essen. Nach wenigen Tagen ritten wir völlig teilnahmslos dahin und starrten in den heißen Sand unter uns. Gefährlicher war noch, daß wir nichts zu Trinken hatten, und wir wußten auch nicht, wie man Wasser findet. Damals beschloß ich zu lernen, wie man von dem lebt, was die Natur einem bietet...

Christina Dodwell

In dieser Reihe sind erschienen:

CHRISTINA DODWELL

Globetrotter-Handbuch
Überlebenstips
für Abenteurer

 **ABENTEUER-REPORT**

CIP-Kurztitelaufnahme der Deutschen Bibliothek

Dodwell, Christina:
Globetrotter-Handbuch: Überlebenstips für Abenteurer / Christina Dodwell. – [Übers. aus d. Engl.: Gabriele Herzog. Fotos: Christina Dodwell]. – München: F. Schneider, 1985.

(Abenteuer-Report)
   Einheitssacht.: An Explorer's Handbook <dt.>
   ISBN 3-505-09222-3

ABENTEUER-REPORT

© 1985 für die deutsche Ausgabe
by Franz Schneider Verlag GmbH
8000 München 46 · Frankfurter Ring 150
Alle Rechte dieser Ausgabe vorbehalten
Übersetzung aus dem Englischen: Gabriele Herzog, München
Originaltitel: AN EXPLORER'S HANDBOOK
Titelfoto: Christina Dodwell
Fotos: Christina Dodwell
Lektorat/Redaktion: Susanne Härtel
Hersteller: Josef Loher
Satz und Druck: Augsburger Druck- und
Verlagshaus GmbH, Augsburg
ISBN: 3 505 09222-3
Bestell-Nr.: 9222

Inhalt

Einleitung

Dies ist ein Buch für Camper, Wanderer und Reisende, die wissen wollen, wie sie auf sich selbst gestellt in der Wildnis überleben können. Es will dazu beitragen, die Dinge, die uns zur Verfügung stehen, sinnvoll zu verwenden.

Es ist befriedigend, wenn man merkt, daß man selbst viel mehr tun kann, als man vorher zu träumen gewagt hat, und daß man schon bald die Kunst beherrscht, von und mit der Natur zu leben. Oft sind es nur Kleinigkeiten, die darüber entscheiden, ob man sich wirklich wohl fühlt, und durch die das Reisen zu einer genußreichen Erfahrung wird, oder ob man sich elend fühlt, vor Unbehagen den Mut verliert und sich schließlich fragt, warum man überhaupt aufgebrochen ist. Es gibt auch Zeiten, in denen man nicht aus reinem Vergnügen ums Überleben kämpft, sondern in denen es tatsächlich kritisch wird. Dann kann richtiges Verhalten die Lage völlig verändern. Und wenn es vielleicht auch nicht immer um Leben und Tod geht, so doch oft genug darum, ob man weiterreist oder mit eingezogenem Schwanz heimkehrt.

Ich wurde aus Schaden klug, muß aber auch zugeben, daß ich den Prozeß genoß. Es begann vor mehr als sieben Jahren. Ich wollte eigentlich nur eine Ferienreise machen und blieb dann in Westafrika hängen. Da war ich auf einmal mitten im Busch, zusammen mit noch einer Frau und unseren neuerwählten Transportmitteln: zwei ziemlich wilden Pferden. Lesley und ich hatten keine Ahnung vom „Überleben", wir besaßen weder Zelt noch Campingausrüstung (außer Wasserflaschen) und keinerlei Nahrungsmittelvorräte. Wir waren darauf angewiesen, das Essen auf Märkten und in Dörfern zu kaufen, aber das Land wurde zur Halbwüste, Dörfer waren schwer zu finden, dann gab es gar keine mehr, und wir hatten etwa eine Woche lang nichts zu essen. Wir empfanden die Zeit wie eine Ewigkeit. Nach wenigen Tagen ritten wir völlig teilnahmslos dahin und starrten in den heißen Sand unter uns. Wenn ich aufblickte, sah ich nichts als die versengte, sterile, staubige Ebene, in der sich nichts bewegte, da kein Lüftchen wehte. Langsam ließen meine Sinneswahrnehmungen nach. Wir waren beide von unserem Hunger besessen, wir redeten stundenlang über unsere Lieblingsgerichte, und nachts träumten wir von Festen und Banketten. Ich bin sicher, mit etwas mehr Ahnung von der Natur des Landes hätten wir etwas Eßbares gefunden. Gefählicher war noch, daß wir nichts zu trinken hatten, und wir wußten nicht, wie man Wasser findet. Damals beschloß ich zu lernen, wie man von dem lebt, was die Natur einem bietet.

Wir erreichten schließlich ein Dorf, aber ich bezweifle, daß wir noch viel weiter gekommen wären. Die Menschen im Dorf hatten nur wenig Nahrung für sich selbst, aber sie gaben uns soviel sie konnten – etwas Mais, eine Handvoll Erdnüsse und Joghurt, das aus Milch, frischem Blut und Urin hergestellt war.

Dies bedeutete das Ende unserer Qualen, doch für mich begann damit eine dreijährige Reise durch den afrikanischen Kontinent, zumeist alleine und zu Pferd. In den sieben Jahren, die seither vergangen sind, unternahm ich ausgedehnte Reisen in Papua-Neuguinea, Zentralamerika und Südostasien, während deren ich alles zu lernen versuchte, was mein Interesse erweckte. Ich habe mit Buschmännern gesprochen und mit der primitiven Landbevölkerung, mit Wildhütern und weißen Farmern, mit Expeditionstruppen und alten Kolonialisten, mit Zigeunern und Bauern. Ich lebte in ihren Dörfern, ging mit ihnen auf die Jagd und lernte natürlich nicht alles, aber zumindest einiges darüber, wie man in der Wildnis überleben kann – genug jedenfalls, um freudig und ohne Angst zu entfernten und schwer zugänglichen Orten reisen zu können. Und was will man mehr?

1. Wie reisen?

Bei jeder Fortbewegungsart erlebt man die Welt verschieden, und jede hat ihre Vor- und Nachteile. Mit Kraftfahrzeugen kann man große Entfernungen relativ bequem und entspannt zurücklegen, doch man ist eingeschlossen und blickt während der ganzen Reise durch ein Fenster. Selbst wenn es offen ist, bringt es uns um das Gefühl der Weite, das man beim Wandern oder Reiten empfindet.

Am besten zu Fuß

Reist ihr aber alleine, zu Fuß oder in Begleitung eines Tieres, werdet ihr der Natur des Landes gegenüber viel aufgeschlossener sein und ganz automatisch in Kontakt mit der Bevölkerung treten. Die Belohnung dafür bleibt nicht aus: Oft erhält man auf überraschende und unterhaltsame Art wertvolle Ratschläge. Um wirklich Freude an einer Fußwanderung zu haben, muß man sich mit dem Gepäck beschränken und mit so wenig Ballast wie möglich reisen. Die schweren Sachen sollten immer oben in den Rucksack gepackt werden, dann kann man das Gewicht leichter tragen (dasselbe Prinzip gilt auch für das Beladen eines Pferdes). In einer Gruppe zu dritt oder zu viert zu reisen kann sinnvoll sein, weil man die Campingausrüstung gemeinsam benützen kann; beim Trampen ist das allerdings weniger geeignet.

Zu Fuß gibt es die Möglichkeit, Berge hochzusteigen oder über Felsen zu kraxeln, die Fahrzeuge oder Packtiere nicht mehr bewältigen. Und ihr könnt Flußbetten auf umgestürzten Bäumen überqueren, die ihr als natürliche Brücken benützt.

Aber den Entfernungen sind natürlich Schranken gesetzt. Entweder muß man schier unbegrenzte Zeit haben oder kein zu ehrgeiziges Ziel. Ich finde es nicht sehr sinnvoll, Kilometerangaben für Fußmärsche zu machen. Aber es ist nicht schlecht, schon zu Hause sein eigenes, an einem Tag bequem zu schaffendes Limit auszutesten, und zwar sowohl auf ebenem wie auch hügeligem Terrain. Dabei müßt ihr auch etwas Zeit für den Temperaturwechsel einplanen, und wenn ihr das Ziel erst nach Einbruch der Nacht ansteuert, auch noch einige Kilometer mehr zum Verirren.

Reisen mit Packtieren

Packtiere, die sehr langsam trotten, wenn sie nicht gerade wegrennen, können ein nervtötendes und langwieriges Erlebnis bescheren.

Esel – bewältigen zuweilen nur 13 bis 16 km pro Tag. Bestenfalls laufen sie 4 km/h, das allerdings 10 bis 12 Stunden lang. Sie können ungefähr 70 kg tragen, aber je schwerer die Last, um so langsamer gehen sie. Geschwindigkeit und Entfernung hängen auch vom Gelände ab.

Maultiere – halten bei einer Geschwindigkeit von 5 km/h etwa 14 Stunden pro Tag durch. Sie sind viel zäher und robuster als Pferde und widerstandsfähiger gegenüber Krankheiten.

Pferde – bewältigen 6,5 km/h, bis zu 8 Stunden täglich; sie sind bis maximal 90 kg belastbar. Wenn das Gepäck gut verteilt und fest auf das Pferd geschnallt ist, kann es Schritt gehen, traben und galoppieren, obwohl sich das Gewicht natürlich auf die Geschwindigkeit auswirkt. Das Reisetempo hängt auch von der Gesamtlänge der Reise ab. Während eines dreitägigen Ausflugs kann ein Pferd etwa 250 km zurücklegen. Wann immer sich aber meine Reisen über Wochen oder Monate erstreckten, sank die Durchschnittsgeschwindigkeit auf ungefähr 30 km pro Tag. Ihr solltet auch Ruhetage einplanen und mehrere Rastpausen täglich. Wichtig ist, während einer Rast alles Gepäck abzuladen, da der Rücken

Mit meinem Packpferd in China

des Pferdes sonst nicht trocknen und das Pferd sich nicht erholen kann. [∘]

Ponys – weisen alle Vorzüge eines Pferdes auf und sind dabei gewandter und kräftiger. Ihre Tragkraft hängt von ihrer Körpergröße ab. Ein Pony von 145 cm Stockmaß kann leicht 70 kg schleppen.

Yaks – bewältigen 2,5 km/h. In Tibet werden auch *Schafe* als Tragtiere eingesetzt. Sie ziehen in der Herde und halten auch in fast graslosen Gegenden gut durch, wo Yaks und Ponys längst keine Nahrung mehr finden. Die Höchstbelastung liegt für ein Schaf bei 11,5 kg.

Hunde – In Polarregionen übernehmen Hundeschlitten den Transport. Ein Gespann von sieben Hunden zieht 270 kg und bewältigt 30 km täglich. Auf jedes Gespann sollte eine Person kommen, aber es bedarf einer gewissen Geschicklichkeit, mit ihnen umzugehen.

Kamele – Ein kräftiges Kamel trägt problemlos 270 kg. Es legt bei einem Tempo von 5 km/h ungefähr 27 km täglich zurück. Tempo und zurückgelegte Strecken vergrößern sich, wenn es nachts marschiert und tagsüber ruht.

Elefanten – Mit einem Elefanten zu reisen ist unendlich langwierig, vor allem wenn Sie sich durch den Urwald schlagen. Mein Elefant war nur dann schnell, wenn er felsige Berghänge hinabstolperte.

Wo findet man ein Packtier? – Zunächst da, wo es die meisten Arbeitstiere gibt: in kleineren Städten auf den Marktplätzen, oder man fragt in Dörfern nach. Über den Preis müßt ihr verhandeln. Ihr dürft aber nicht erwarten, daß ihr die Tiere später zum selben Preis wieder verkaufen könnt – aus irgendwelchen Gründen klappt das nie! Aber trotz des schlechten Wiederverkaufspreises ist ein Kauf zumeist günstiger, als sich ein Tier zu mieten. Allerdings ist beim Mieten ein Mann im Preis miteingeschlossen, der das Tier versorgt und pflegt.

Reiten und führen – Es ist schon frustrierend genug, ein Packtier zu Fuß führen zu müssen, aber am schlimmsten ist es, auf einem Tier zu reiten und gleichzeitig ein anderes am Zügel zu leiten. Dabei habe ich einiges erlebt, z. B. als ich einen sturen Esel vom Rücken eines halbwilden Hengstes aus zu führen versuchte. Später probierte ich es mit einem Packesel mit Zebra-Einkreuzung aus Westafrika, und ein anderes Mal wollte ich von einem äußerst bockigen Pferd aus ein Kamel lenken. Der Tag, an dem ich zum erstenmal mit dem Hengst und dem Esel unterwegs war, verlief folgendermaßen: Wir brachen spät auf – in der Hauptverkehrszeit. Die staubigen Stadtstraßen waren voller Fahrräder, Fuhrwagen, Autos und Krafträder aller Art und von vielen Fußgängern übervölkert. Der Esel blieb pausenlos stehen. Jedesmal, wenn er anhielt, riß es mich rückwärts über Diabolos Rücken, während ich verzweifelt versuchte, auch ihn zum Anhalten zu bewegen. Aber der trug nur einen Halfter und Zügel, die ich aus einem Strick hergestellt hatte, und der Strick riß jedesmal, wenn ich zu stark daran zerrte. Diabolo biß den Esel. Ich verlängerte die Leine, aber der Esel umging jeden Baum auf der falschen Seite, was mich dazu zwang, die Leine fallen zu lassen. Es war keine gute Idee, jedesmal abzusteigen, um die Leine wieder zu holen, weil ich weder Sattel noch Steigbügel besaß und so mit dem Aufsteigen meine Schwierigkeiten hatte. Zum Glück fanden sich immer Leute, die mir die Leine zureichten.

In den Außenbezirken der Stadt verirrten wir uns. Dann gelangten wir zu einem stinkenden, offenen Abwasserkanal, den zu überqueren sich die Tiere weigerten. Sie drehten sich im Kreis und scheuten. In diesem Chaos verwickelte sich die Leine, dann buckelte der Esel, und alles Gepäck fiel herunter. Der Esel begleitete mich nicht lange. In einer Sturmnacht rannte er davon, und ich war froh, ihn los zu sein. Auf späteren Reisen entdeckte ich, daß sich halbwilde oder ungezogene Tiere oft überraschend gut benehmen, wenn sie von einem Artgenossen geführt werden.

Gepäck auf Packtieren – Jedes Volk hat seine eigene Methode zum Beladen der Packtiere entwickelt, die sich ein wenig von der der anderen unterscheidet. Die Technik ist abgestimmt auf die Tierart, die Last und die zu durchquerende Gegend. Man sollte immer die dort übliche Methode benutzen.

Eine sehr simple Sache ist das Zusammenbinden von zwei Koffern, die die gleiche Größe und das gleiche Gewicht haben müssen. Wenn man sie an den Griffen zusammenbindet, bilden sie ein A, das man über einem Strohpolster auf dem Rücken des Tieres befestigt.

Für ein Paar improvisierter Satteltaschen genügen zwei Säcke, die an den Seitensäumen halb aufgeschnitten werden. So entstehen kleinere Taschen mit großen Taschenklappen. Man näht je eine Taschenklappe eines Sacks mit der entsprechenden des anderen zusammen, legt diese über den Rücken des Pferdes, und die Satteltaschen sind fertig. Das Gewicht sollte so hoch wie möglich gelagert und gleichmäßig auf beide Taschen verteilt sein. Zum Verschließen steckt man die losen Klappen mit einem spitzen Stöckchen zusammen. Ein dritter Sack wird gegebenenfalls mit Heu oder Stroh vollgestopft und zu einem festen Kissen für den Rücken des Tieres zusammengenäht, damit er nicht wund wird.

Mit einem Packsattel ist man gut beraten. Er schützt die Wirbelsäule des Tieres, und seine Herstellung ist einfach. Man benötigt zwei Holzbretter, die durch 4 cm lange und 0,5 cm dicke Eisenbogen verbunden sind. Die Bogen sind auf jeder Seite mit Haken versehen, an die man die Packtaschen hängen kann.

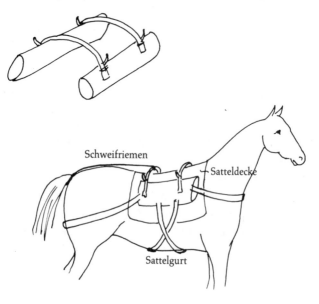

Schweifriemen

Satteldecke

Sattelgurt

Ein Sattelgurt und ein Riemen um das Pferd stabilisieren die Last. In gebirgigen Gegenden ist es ratsam, vom Packsattel aus noch einen Schweifriemen anzubringen, der verhindert, daß die Last auf den Nacken des Pferdes rutscht, sobald es bergab geht. Das gesamte Zaum- und Sattelzeug ist auf der Zeichnung auf Seite 14 unten zu sehen. Die Riemen werden aus Stoff, Leder oder weichen Seilen hergestellt.

Es ist sehr anstrengend und schwierig, zwei vollbepackte Säcke auf das Lasttier zu hieven. Da ich körperlich nicht so stark bin wie ein Mann, habe ich ein System entwickelt, das sich bewährt hat: Ich knie mich nieder und schiebe meine Schulter unter die Verbindung zwischen den beiden Säcken. Dann richte ich mich auf, wobei ich mich mit den Händen an einem Steigbügel, der Mähne oder, was immer ich greifen kann, hochziehe. Es ist praktisch, beide Hände frei zu haben, so kann man auch den Rücken des Pferdes tätscheln, um es auf seine Last vorzubereiten. Ich stehe dann neben der Schulter des Pferdes, die Taschen über meiner äußeren Schulter, schiebe die hintere Tasche über den Rücken des Pferdes und bringe sie in Position. Dann drehe ich mich unter der anderen heraus, so daß diese an ihren Platz rutscht.

Das Gewicht in den Taschen muß gleichmäßig verteilt sein, sonst verschieben sie sich leicht. Die schweren Gegenstände sollten nach oben gepackt werden, so daß die Belastung vom stärksten Teil des Pferderückens getragen wird, vom Widerrist (Schulter) und dem Teil der Wirbelsäule, der rückwärts daran anschließt. Hinter dem Sattel befinden sich die Nieren des Tieres, gewöhnlich eine empfindliche Stelle.

Reisen zu Pferd

Auf dem Pferderücken zu reisen, finde ich ideal, weil der Blick über die gesamte Umgebung frei ist. Das Land berührt in allen Richtungen den Himmel, während die Pferdemähne und die wachen, spitzen Ohren darüber eine ständige Verbindung zur Realität aufrechterhalten. Ein Pferd ist recht kräftig, und mit seiner Hilfe kann ich samt Gepäck (in Satteltaschen) Gebiete durchqueren, die ich zu Fuß nicht bewältigen könnte. Es kann lange Strecken zurücklegen, wenn es abwechselnd Schritt geht, trabt und galoppiert. Pferde sind auch tüchtige Schwimmer. Mit ihrer Hilfe war es mir möglich, etliche große Flüsse zu durchqueren.

Die Nachteile von Überlandritten liegen in den Verpflichtungen gegenüber dem Pferd, der Notwendigkeit, ständig für Futter zu sorgen, der Gefahr, daß das Pferd zu lahmen beginnt oder über Nacht wegläuft, und seinem Bedürfnis nach Ruhetagen.

Der Erwerb eines Pferdes – Am besten sucht man sich ein kräftiges Tier, das auch auf sich selbst gestellt durchkommt und auch nach dem Winter noch ein bißchen Speck hat. Ein Punkt, den man bedenken sollte, ist, daß Pferde mit hellen Hufen eher zum Lahmen neigen als die mit den kräftigeren, schwarzen Hufen. Ein Pferd aus den Bergen weiß sich oft in schwierigem Gelände zu helfen und wittert sumpfige Stellen, während ein Stall- oder Weidepferd leicht stolpert, weil es nicht schaut, wohin es die Hufe setzt. Ein Vollblut ist oftmals nicht in der Lage, selbst Nahrung für sich zu suchen.

Natürlich war die Auswahl nie besonders groß, wenn ich gerade ein Pferd brauchte. Ich war auf die Tiere angewiesen, die ich in der Einöde, auf einer Ranch oder in einem Schlachthof unter den unbrauchbaren und unreitbaren Pferden fand. Manchmal schenkte man mir ein Pferd, weil es wertlos erschien. Aber auf der Reise verlieren die Pferde bald ihre schlechten Verhaltensweisen, und die Tatsache, daß der Reiter in der sich ständig wandelnden Umgebung das einzig Gleichbleibende ist, erleichtert es, wie ich finde, ein Gefühl der Nähe und des Vertrauens aufzubauen.

Ein Pferd, das ich in einem Schlachthof in Südafrika erstand,

Mein Pferd Xoza aus einem Schlachthof in Südafrika

war ein kräftiger und anständiger Brauner ohne irgendwelche größeren Macken. Ich hatte keine Ahnung, wie man auf Schlachthofauktionen mitsteigert. Deshalb bat ich die Händler und die Metzger um Rat, und sie halfen mir dabei, ein eindeutig katastrophales Pferd zu vermeiden.

Ein Polizeipfandstall bietet gelegentlich entlaufene Pferde zum Verkauf an. Oder man erkundigt sich nach wilden Pferden auf großen Ranches oder in weit abgelegenen Gegenden.

Zur klassischen Methode, sich ein wildes Pferd zu fangen, braucht man Helfer, um alle Pferde in einen behelfsmäßigen Pferch zu treiben. Die Pferde, die nicht brauchbar sind, läßt man wieder laufen. Dann versucht man, das ausgewählte Pferd mit ein oder zwei Stricken einzufangen. Es geht auch mit einem Betäubungsgewehr.

Ein altes, wildes Pferd ist sehr schwer zu zähmen und ein halbwildes leichter als ein völlig wildes!

Satteltaschen für Reitpferde – Nicht einfach zu kaufen, aber leicht herzustellen. Jedesmal, wenn ich neue Satteltaschen anfertige, versuche ich die Form zu verbessern. Das ideale Material, das ich gefunden habe, ist leichte, imprägnierte Leinwand oder Nylonfliegennetz von einem Zelt. Man muß den Stoff mit extrastarkem Faden nähen und an den Stellen, die besonders großer Belastung ausgesetzt sind, viele Nähte anbringen. Ich nähe dann zwei große Ranzen mit Taschen vorn und hinten, wo ich die Dinge unterbringe, die ich ständig brauche, wie Feldflasche, Fotoapparat, Landkarte und Kompaß. Die Ranzen versehe ich mit starken Trägern, die über den Sattel passen. Eine Schnalle könnt ihr einfach mit Zwirn und einem kleinen Stöckchen improvisieren:

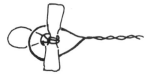

Ein Gurt um den Rumpf des Pferdes verhindert, daß die Satteltaschen beim Galopp auf und nieder hüpfen. Dinge, die herumbaumeln und gegen das Pferd schlagen, können es leicht erschrecken.

Das Bündel, das der Landstreicher im australischen Volkslied „Waltzing Matilda" bei sich trägt, ist eine Alternative zur Satteltasche. Es besteht aus einem langen Paket, das entsteht, wenn man all seine Besitztümer in ein Tuch einrollt, das vor dem Sattel über den Widerrist des Pferdes gelegt wird.

Sattel- und Zaumzeug – Wenn ich mir keinen Sattel kaufen konnte, stellte ich mir selbst einen aus einem Teppichstreifen her. Ich legte zwei Sattelkissen aus eng gerolltem Filz darunter, damit der Teppich höher als die Wirbelsäule lag und das Pferd so keinen Druck abbekam.

Statt Zaumzeug trugen meine Pferde meistens ein Halfter mit Zügeln aus Stricken. Ein Maulstück ist nicht unbedingt notwendig.

Ein nützliches Zubehör ist ein Fliegenband, das ich wie ein Stirnband am Kopf des Pferdes anbringe, wenn die Fliegen zu lästig werden. Die Fransen des Fliegenbandes sollten ein gutes Stück über die Augen des Pferdes hängen. Die Bewegung der Fransen, wenn das Pferd den Kopf schüttelt, hält die Fliegen von seinen Augen ab. Ein Fliegenband kann aus gefranstem Leder oder aus Schnur improvisiert werden. Manchmal benütze ich auch Zweige mit kleinen Blättern. Am besten eignet sich eine bestimmte Kiefernart, deren langhängende Nadeln hervorragend als Fransen funktionieren.

Reisen zu Kamel oder Elefant

Der Kauf eines Kamels – Wer ein Kamel erwerben will, erkundigt sich am besten in militärischen Wüstenhauptquartieren nach betagten Kamelen, die für militärische Zwecke nicht

Man kann auch Nomaden fragen, aber die wollen sie oft nicht verkaufen, weil die Kamele ihren Reichtum verkörpern. Für sie bringt es nichts, die Beweise ihres Reichtums in Geld umzutauschen, vor allem, weil sich Geld nie so lange hält wie ein Kamel!

Die Kondition eines Kamels erkennt man an der Festigkeit seines Höckers und an der Fülle bzw. Magerkeit seines Halses. Wenn man mit einem Kamel reisen will, muß man auf die Form seiner Füße achten. Soll sich das Kamel für Sand und flaches Land eignen, müssen die Hufe groß und klobig sein. Solche Kamele erweisen sich in felsigem Gebirge aber als völlig unbrauchbar. Ihre Hufe spalten sich, sie stolpern oft und fallen manchmal kopfüber hin. Bergkamele dagegen haben kleine Hufe und sind sehr agil und ausdauernd. Mein Wüstenkamel überstand zwar den Marsch über die Berge verhältnismäßig gut, aber es bockte beim bloßen Anblick von Sumpf oder Wasser. Es weigerte sich strikt, nasse Füße zu bekommen.

Als wir das sumpfig-sandige Omo-Delta durchquerten, hatten wir noch mit anderen Schwierigkeiten zu kämpfen. Zusätzlich zu den Flußarmen und Tümpeln, von denen wir auf allen Seiten umgeben waren, gab es dort zahllose Luftspiegelungen, und ich konnte die realen Dinge nicht von den Fata Morganas unterscheiden. Wir liefen fortwährend Umwege, um die Flüsse zu umgehen, die echt aussahen, bis wir beim Näherkommen feststellten, daß sie gar nicht existierten.

Wie belädt man ein Kamel? – Als ich ein Lastkamel kaufte, lernte ich gleich, wie man es bepackt. Dazu braucht man vier Holzstangen, ein Strohkissen und zwei Hanfseile. Die Methode ist wirklich genial, weil das Seil als elastische Aufhängung für das Gepäck dient und zugleich das Gewicht bequem auf dem höckrigen Kamelrücken hält.

Erstes Seil: Man befestigt es zunächst mit einer Schlinge um den Schwanzansatz, erhält so einen Schweifriemen, zieht es dann

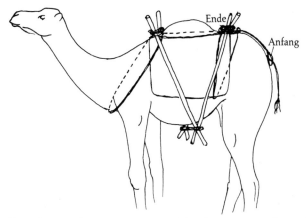

Ende

Anfang

straff zu den vorderen Stangen und bindet es viermal um diese herum. Weiter mit einer losen Schlinge um den Hals, noch einmal fest um die vorderen Stäbe, dann zurück zum Schweiffriemen und einmal um ihn herum, bevor es runtergeht zum Sackpolster und auch da herum. Dazu zieht man das Seil zu den hinteren Stäben, windet es mehrere Male durch und drumherum und verknotet es dann.

Zweites Seil: Das ist das Seil zum Sichern der Last. Es wird über die vorderen Stangen geschlungen und unter den hinteren durchgefädelt, bevor das Gepäck aufgeladen wird. Zum Schluß wird es um die Gabelungen geschlungen. Klirrende oder rasselnde Geräusche sollte man vermeiden; sie machen das Kamel nervös.

Wie treibt man ein Kamel an? – Verschiedene Stämme haben ihre eigenen Methoden und Befehle, um ihre Kamele anzutreiben. Mein Kamel hörte auf turkmenische Kommandos. Damit es sich hinlegte, mußte ich das Kommando „Tu, tu, tu" geben, wenn es störrisch war, mit einem Stock auf den Boden klopfen und es mürrisch anzischen. Wenn es aufstehen sollte, sagte ich: „Ha, ha-ha, ha". Um es zu einer flotten Gangart anzutreiben, mußte ich ein Kamellied singen. Das ging „Ha, ha, brrr, hei, hi-ho-ha" in den verschiedensten Melodien, Tonhöhen und Rhythmen. Wenn wir zu zweit oder zu mehreren Personen unterwegs waren, verschmolz der Gesang zu einer eigenartigen, wohlklingenden Melodie.

Und wie lenkt man einen Elefanten? – Auch hier variieren die Kommandos und Methoden. Mein Elefant war nicht gut dressiert; er kannte nicht viele Kommandos und war unfolgsam. Damit er sich hinlegte, mußte ich laut „Mello" rufen. Ein Klaps auf den Kopf hieß, daß er aufstehen sollte. Beim Reiten saß ich auf seinem Nacken, die Beine hinter seinen Ohren, und ich dirigierte ihn, indem ich jeweils an einem Ohr zog und seine Ohrläppchen mit den Zehen antippte.

Das größte Problem besteht darin, daß es monatelang dauert, bis Elefanten sich an einen neuen Halter gewöhnen, obgleich es erfahrene „Elefanten-boys" (Mahouts) schaffen, die Tiere je nach Erfordernis problemlos auszutauschen.

Mit dem eigenen Boot

Mit einem Boot den Fluß hinunterzutreiben ist ein unvergleichliches Erlebnis. Gegenüber dem Reisen mit Tieren hat es den Vorteil, daß ein Boot nicht essen oder rasten muß und gewöhnlich auch nicht über Nacht abhaut.

Einbaum – Beim Kauf eines Einbaums muß man dessen Alter abschätzen, weil alte Einbäume oft lecken. Das ist allerdings kein unüberwindliches Problem: Die Lecks werden mit Lehm oder Glaserkitt verschmiert. Größere Lecks und Risse kann man mit einer aufgerollten Blechdose flicken, die man mit Nägeln ans Boot hämmert. Lehm dient als Spachtelmasse.

Fiberglaskanus oder *-kajaks* – eignen sich hervorragend, wenn man sich in Küstengewässern aufhält oder Wildwasserflüsse hinabfährt. Als jüngste Neuerung gibt es jetzt auch das praktisch unzerstörbare Polyäthylen anstelle des leichter zerbrechlichen Fiberglases. Es ist eine ziemlich klebrige und unsaubere Angelegenheit, Löcher mit Fiberglas zu verstopfen und zu verharzen. Auch das Mitnehmen der Reparaturmaterialien ist schwierig, da oft etwas davon ausläuft. Manche Fluggesellschaften verweigern den Transport als gefährliche Fracht.

Offene Cockpit-Kanus aus Fiberglas, kanadischen Kanus nachgebaut, sind auch für Anfänger stabil genug. Das Problem, das man mit allen harten Booten hat, ist, wie man sie zum Ausgangspunkt der Fahrt und nachher wieder zurücktransportiert. Sie sind allerdings leicht auf dem Dachgepäckträger des Autos zu transportieren und für Tagesausflüge geradezu ideal.

Faltboote – (über einen Holz- oder Metallrahmen gespannte, gummierte Leinwand) sind leichter zu transportieren, da sie in

Hier wird ein neues Kanu ausgebrannt, um das Holz zu versiegeln, damit es gut schwimmt

zwei Behälter mit etwa 30 kg Gesamtgewicht zusammengepackt werden können.

Aufblasbare Boote – aus verstärktem PVC sind so widerstandsfähig, daß sie sogar Armeeanforderungen entsprechen. Man kann sie zur Größe eines Koffers zusammenpacken. Ihr Gewicht beträgt etwa 25 kg.

Auf dem Floß

Ich möchte hier von den Flößen aus leeren Öltonnen oder aufgeblasenen Autoschläuchen absehen, denn diese Materialien schwimmen nicht immer gerade dann vorbei, wenn man sie braucht. Traditionell stellt sich der klassische Schiffbrüchige sein Floß aus Naturprodukten her.

Ein Holzfloß baut man aus Stämmen, die jeweils oben und unten von einem Paar querliegender Stangen zusammengehalten werden. Die Querverstrebungen werden mit Holzdübeln festgehalten. Man kerbt die Stangen an den Stellen ein, wo sie zusammengebunden werden.

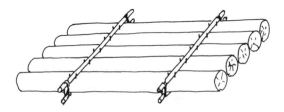

Zum Vertäuen eignen sich Waldgeißblatt, Dünenrose und andere Schling- oder Rankpflanzen.

Beim Floßbau gibt es verschiedene Herstellungsarten. Eine bewährte Methode ist es, die einzelnen Balken mit langen, biegsamen Stöcken aneinanderzuklammern, die jeweils über einen Balken gespannt und in Löcher im Rahmen gepflockt werden.

Manche Hölzer schwimmen gut, andere weniger gut, und das Tragvermögen eines Floßes hängt vom spezifischen Gewicht des verwendeten Holzes ab. Eiche und Eisenholz sinken leicht.

Bambusflöße dagegen tragen ausgezeichnet. Man bündelt eine Menge Bambusstangen und verbindet sie mit Rohren, die man quer dazu anbringt. Hat man nicht so viele Baumbusrohre zur Verfügung, so kann man diese zu einem Gitter verzurren, das von zwei Diagonalen zusammengehalten wird. Auch das ergibt ein sehr brauchbares Floß.

Im Notfall baut man sich ein Floß aus gebündeltem Schilfrohr zusammen.

Motorisiert unterwegs

Ein Auto hat zahlreiche Vorteile in bezug auf Unterkunft, Gewicht des Gepäcks, Fluchtmöglichkeit in Gefahrensituationen und bei weiteren Reisen. Ich will hier jetzt nicht auf Fahrzeugtyp, Art der Reifen, Spezialwerkzeug und Ersatzteile eingehen – das gäbe ein Buch für sich (siehe Anhang).

Autostop oder *Trampen* – ist natürlich eine gute Möglichkeit, mit der Bevölkerung in Kontakt zu kommen und die Landessprache schnell zu lernen. Aber es birgt auch seine Risiken und Nachteile. Jeder muß sie für sich selbst abwägen. Was ich am Trampen sehr schätze ist, daß ich die Umgebung ständig anders wahrnehme:

Mal sitze ich in einem verbeulten Landrover, mal in einer vollklimatisierten Limousine, mal oben auf einem mit alten Reifen beladenen Laster...

Mit einem Führer

Wer ein festgesetztes Ziel erreichen will und sich nicht erlauben kann, durch Umwege Zeit zu verlieren, heuert sich am besten einen ortskundigen Begleiter an. Der übernimmt dann die Verantwortung für die Richtung, die Geschwindigkeit und das Tagesziel. Die Initiative übernimmt er damit allerdings weitgehend auch. Kümmern muß man sich dann nur noch um sein Wohlergehen, seine Gesundheit und manchmal auch um seine Verpflegung.

In manchen Ländern übernehmen Führer zugleich die Aufgabe eines Trägers, während man anderswo extra dafür zahlen muß. Oder es wird erwartet, daß zusätzlich ein Mann als Träger engagiert wird. Es gibt Länder, in denen die Tarife festgesetzt sind, wie z. B. in China. In anderen Ländern ist Feilschen ein Muß. Für die einzelnen Etappen sollten bestimmte Sätze vereinbart und jeweils im voraus bezahlt werden. Was die Höhe der Sätze betrifft, orientiert man sich am besten an dem, was Missionare oder Kontrolltrupps der Regierung zahlen. Ein Begleiter, der gleichzeitig Träger und Führer ist, hält selten längere Strecken durch. Es kann auch passieren, daß er seinen Schützling am Rande seines Stammesterritoriums an jemand anderen übergibt. Das kann verschiedene Gründe haben:
– Entweder kennt sich der Mann außerhalb seines Gebiets nicht aus
– oder er spricht die Sprache des benachbarten Stammes nicht
– oder er fürchtet sich davor, allein zurückkehren zu müssen, da er allen fremden Stämmen mit Vorsicht und Mißtrauen begegnet.

2. Reisegepäck

Im Notfall kann man im Busch Behelf für viele Dinge schaffen. Wird man vom Regen überrascht und gibt es weit und breit kein Dach, bietet sich ein Bananenblatt als Regnschirm an. Papayablätter ersetzen Tabak, und die ausgekochten Wurzeln von blühender Yucca liefern Seife. Ersatz für Schnüre für den täglichen Gebrauch kann man aus vielerlei Rohstoffen improvisieren: von Schlingpflanzen über Wurzeln bis zu Seetang und Roßhaar. In Kapitel 16 sind weitere Tips zu finden, die ich von Eingeborenen bezog und genauere Hinweise, wie man sie anwendet.

Dauert die Reise nur kurze Zeit, komme ich mit sehr wenig aus. Aber wenn ich monatelang auf Tour bin, nehme ich immer etwas mehr mit. Manches kaufe ich unterwegs. Dabei vermeide ich größere Städte und halte mich eher an Bauernhöfe und Dorfmärkte. Manches ist schwer zu bekommen, oder es ist sehr teuer. Diese Dinge sollte man sich besorgen, bevor man losfährt.

Das Packen wird zu einem großen Problem, wenn man es ohne Checkliste angeht, und wenn man alles zusammenträgt, was man eigentlich mitnehmen will, häuft sich leicht eine geradezu beängstigende Menge an. Beängstigend vor allem, wenn man vor hat, mit dem Rucksack zu reisen. Man sollte sich dann zuerst einmal in aller Ruhe neben den Stapel setzen, Stück für Stück durchgehen und sich bei jedem einzelnen Artikel fragen: Brauche ich das wirklich? Wenn der Packen dann noch immer zu groß ist, wiederholt man die Prozedur mit der Frage: Kann ich ohne dies oder jenes auch leben? Nur das absolute Minimum ist wirklich notwendig, der Rest ist entweder nur halbwegs sinnvoll oder schlicht überflüssig. Heutzutage reisen wenige so unbekümmert überladen wie Robert Byron in den 30er Jahren nach Oxiana. Er ist mit der Überzeugung aufgebrochen, daß man auf einer Reise wöchentlich drei Bücher und täglich eine Flasche Wein konsumieren sollte. Ich bin übrigens durchaus dafür, ein Buch mitzunehmen. Das kann man unterwegs immer wieder umtauschen, und so wird man unverhofft manches überraschende und inspirierende Werk kennenlernen.

Hier meine in sieben Gruppen gegliederte Checkliste:
– Unentbehrliches für jeden Tag
– Buschküche
– Erste Hilfe
– Reisekleidung
– Wie man Freunde gewinnt
– Papierkram
– Unentbehrliche Extras

Unentbehrliches für jeden Tag

Schlafsack – ist auch in den Tropen notwendig; im Gebirge und in der Wüste kann es sehr kalt werden. Ein Daunenschlafsack ist wärmer, aber er klumpt, wenn er naß wird. Er ist dann nicht notwendigerweise für immer ruiniert, wenn man sich die Zeit nimmt, ihn wieder gut aufzuschütteln. Ein Schlafsack wärmt am besten, wenn man die Kleider ablegt. Behält man sie an, kann die Körperwärme nicht so gut zirkulieren. Ich persönlich mag die Schlafsäcke am liebsten, die einen langen Reißverschluß haben, der sich seitlich und am unteren Ende des Schlafsacks entlangzieht. Die kann man an eisigen Tagen auch öffnen und als Zusatzdecke benützen.

Nesselschlafsack – in warmen Nächten sehr sinnvoll. Er beschützt vor krabbelnden Insekten, nicht jedoch vor denen, die beißen oder stechen. Um einen Nesselschlafsack herzustellen, näht man ein großes Stück Nesselstoff oder auch ein Baumwollbettuch zu einem Schlauch zusammen. Das eine Ende zunähen, so daß ein Sack entsteht.

Statt eines Bettes – Die meisten Leute assoziieren mit einer Hängematte einen bequemen Luxusartikel. Ich hingegen verdanke meiner Hängematte, daß ich so manches Mal erholt aufwachen konnte, wo ich ohne sie eine unbequeme Nacht verbracht hätte. Sie hält mich von unebenem Untergrund, steinigem Boden, Ameisen und anderem Gekreuch fern, und auch Regennächte und nasse Erde sind für mich dann kein größeres Problem mehr. Meine Hängematte ist aus Nylon, sie wiegt nur ein paar Gramm und paßt zusammengefaltet in eine Hand. In der Luft hängend zu schlafen ist kühler als auf dem Boden, und in Gegenden mit Mücken befestige ich das Moskitonetz so, daß ich es seitlich neben mich in die Hängematte stopfen kann. (Meinen Schlafsack lege ich unter mich, damit mich die Mücken nicht von unten stechen können.)

Meine bewährte Hängematte

Manchmal reise ich auch mit einer dichten, 10 mm dicken Schaumstoffmatte. Sie isoliert gut gegen feuchten und kalten Boden und ist überraschend bequem. Es gibt auch sich selbsttätig aufblähende Schaumstoffmatten. Schaumstoffmatten sind leicht, aber sperrig.

Zelt – Viele Leute reisen mit einem kleinen Zelt. Das hat vielleicht den Vorteil, daß es einen trocken hält und vor Insekten schützt. Ich selbst mag keine Zelte, weder in den Tropen noch sonstwo. Es brächte mich um den Genuß, unter freiem Himmel zu schlafen, der Bewegung der Sterne zu folgen und die Nacht um mich herum zu beobachten, dabei bin ich doch ein Teil von all dem.

Plastikplane oder Rettungsdecke – als Bodenplane oder für einen improvisierten Regenschutz. Eine Rettungsdecke besteht aus metallbeschichtetem Plastik. Angeblich isoliert sie und hält in eisigen Nächten warm. Unglücklicherweise hat sich immer, wenn ich sie benützte, Kondenswasser gebildet, statt mir Isolationsschutz zu geben. Die Feuchtigkeit, die sich auf der Innenseite niederschlug, hat mich völlig durchnäßt und bewirkt, daß ich erst recht fror. Die leichtesten Rettungsdecken sind zusammengepackt so groß wie eine Zigarettenschachtel.

Moskitonetz – Ein Moskitonetz ist dort, wo man wirklich eins braucht, unschätzbar. Die aus leichtem Nylon halten nicht immer alle Moskitos ab, aber man schläft darunter kühler als unter den ganz fein gewebten Baumwollnetzen, die in Sumpfgegenden verwendet werden. Die Baumwollnetze werden in China hergestellt und in chinesischen Importläden verkauft. Sie bieten im Vergleich zu den Nylonnetzen einen wirksameren Schutz, nehmen aber auch mehr Platz ein und wiegen mehr.

Licht – Wo die Dämmerung lang dauert, braucht man vielleicht gar kein Licht. Am Äquator gibt es aber praktisch keine Dämmerung. Die Sonne geht um 18 Uhr unter, und dann ist es Nacht. Als

Lichtquelle eignen sich Kerzen oder ein Glas mit Petroleum und einem Docht darin. Manche Camper benutzen richtige Petroleumlampen oder haben einen Aufsatz für einen Kocher. Eine Taschenlampe sollte immer dabei sein. Allerdings darf man nicht vergessen, daß sich die Batterien in den Tropen schneller erschöpfen.

Feuerzeug und Zubehör – Sie eignen sich gut als Geschenke.

Stricke und Nylonschnüre – von zwei verschiedenen Stärken je mindestens 10 m. Nylonschnüre haben eine spezifische Belastbarkeit; ich achte beim Kauf darauf, daß sie für meine Anforderungen stark genug sind. Meine Seile für die Hängematte sind nicht einmal sehr dick, aber solange sie nicht durchgescheuert sind, halten sie mich. Sogar die Stricke zum Anbinden der Pferde sind weniger als 1 cm dick. Aus einem solchen hatte ich ein Pferdehalfter für mein südafrikanisches Pferd hergestellt, und ich verlieh es einmal, um damit ein Auto samt beladenem Anhänger mit einem Traktor einen Berg hinaufzuziehen. Das Seil riß zwar nicht, aber es sah nie wieder einem Halfter ähnlich.

Bergsteigerseile und Seile, die über scharfe Kanten gescheuert werden, müssen dicker sein, vor allem, wenn das eigene Leben an so einem Seil hängt. Damit sich ein Nylonseil nicht von den Enden her auflöst, schmort man es mit einem Feuerzeug an.

Jagdmesser – Mir sind die Messer mit einer feststellbaren Klinge am liebsten. Sie können nicht wie ein Taschenmesser zuklappen, wenn ich die Finger dazwischen habe. Messer sollten immer scharf sein. Wetzsteine und Wetzstahl kann man sich in Werkstätten ausleihen. Für Urwalddurchquerungen eignen sich starke Buschmesser oder Macheten. Sie sind leichter als eine Axt.

Steinschleuder – Macht Spaß, und manchmal springt dabei sogar was für den Kochtopf heraus.

Angelleine und Angelhaken – Eine Angelrute ist überflüssig. Sie wäre bei der Reise ohnehin nur hinderlich.

Plastikklebeband oder Isolierband – für alle möglichen Reparaturen.

Nadel, Faden, Sicherheitsnadeln – außerdem noch extrastarker gewachster Faden.

Plastiktüten – Die in Plastiktüten verpackten Dinge bleiben trocken und die Inhalte der einzelnen Tüten voneinander getrennt.

Wasserflasche – sollte etwa einen Liter fassen.

Wasserentkeimer – (z. B. Micropur) schmeckt nicht besonders gut, ist aber beim Campieren in dicht besiedelten Gegenden angebracht. (Siehe auch Kapitel 6)

Karten und Kompaß – Michelin-Karten sind ausgezeichnet. Der Kompaß sollte noch zu Hause geprüft werden, ob er wirklich genau zeigt.

Buschküche – Ausrüstung

Das ist das mindeste, was ein Rucksackreisender mit sich führen sollte:

Blechkochgeschirr mit Drahthenkel – ist leicht und praktischer als ein Kochtopf mit einem festen Stiel oder zwei seitlichen Haltegriffen. An dem Drahthenkel kann man es an einem grünen Zweig aufhängen, der über zwei aufgestellte Astgabeln gelegt wird. Der Drahthenkel ist auch beim Backen in einem Ofen praktisch und läßt sich beim Verpacken wegklappen. Ein kleiner Blechtopf ist nur zum Wasserkochen für Tee oder Kaffee geeignet. Am vielseitigsten in der Verwendung ist ein Topf von etwa 16 cm Durchmesser, der etwa 1,5 l faßt. Ganze Sets von Blechtöpfen, die man ineinanderstapeln kann, eignen sich für Gruppenreisen. Man kann nie genug davon haben. Wenn man mehrere zur Verfügung hat, benützt man einen etwa nur zum Schmoren, im anderen richtet man nur den Salat an, einer dient als Schüssel zum Einweichen von dreckiger Wäsche . . .

Es gibt auch Töpfe, die beschichtet sind, so daß nichts anhaftet. Wichtig ist, daß der Deckel gut schließt, damit man im Dampf kochen und auch den Topf in einem Erdofen in die heiße Asche vergraben kann. Normalerweise ist der Deckel tief genug, um ihn als Bratpfanne zu verwenden. Dann sollte er aber beschichtet sein.

Als energiesparende Maßnahme kann man den Boden des Kochgeschirrs schwarz anmalen, weil er dann mehr Hitze aufnimmt und so die Kochzeit verkürzt. Wenn der Topf glänzend poliert ist, schmirgelt man am besten den Glanz mit einem Sandpapier ab.

Starke Alufolie – vielfältig zu verwenden (siehe auch Kapitel 8).

Tiefer Teller und Tasse – Emaille ist besser als Aluminium, da letzteres zu heiß zum Halten wird.

Löffel und Gabel

Dosenöffner – obwohl ich selbst mein Messer benütze. Wer es braucht, sollte auch Korkenzieher und Flaschenöffner mitnehmen.

Kocher – Fast alle Camper nehmen einen Kocher und Brennflüssigkeit mit (vergleiche jedoch Kapitel 8).

Normalerweise kann man sich fast jedes Kochzubehör selbst herstellen. Große Blätter dienen als Teller. Ein kleiner, gegabelter Zweig ersetzt eine Gabel, wenn man ihn ein bißchen anspitzt. Als Spachtel oder Rührlöffel benützt man einen breiten Stock, den man an einem Ende abflacht, oder ein flaches Stück Bambus. Ein Handfeger wird aus einem fest zusammengeschnürten Büschel Reisig gefertigt. Ein Stück vom Moskitonetz kann ein Sieb ersetzen. Als Teigrollenersatz nimmt man eine Flasche. Ein geschlossener Kiefernzapfen kann als Zitronenpresse dienen.

Camper, die motorisiert unterwegs sind, für die also Gewicht keine so große Rolle spielt, nehmen vielleicht das eine oder andere der folgenden Gegenstände noch mit:

Dampfdrucktopf – Abgesehen von seinen bekannten Vorzügen bewährt er sich vor allem beim Kochen von zähem Fleisch und von getrockneter Nahrung.

Holländischer Ofen – Ursprünglich waren die von holländischen Siedlern nach Südafrika mitgebrachten Öfen aus Gußeisen. Heute werden sie aus Aluminium hergestellt, sind aber noch immer schwer. Einer von einigermaßen vernünftiger Größe wiegt ungefähr 6 kg. Sie stehen auf drei kurzen Beinen direkt über den glühenden Kohlen oder auf einer Asbestplatte über einem Benzin- oder Gaskocher. Der Deckel hat einen nach oben gewölbten Rand, in den heiße Asche oder Kohle gefüllt werden kann, um eine noch größere Hitze zu erzeugen.

Weitere nützliche Artikel – falls noch Platz ist:
– langes gezacktes Messer und ein kurzes scharfes Küchenmesser
– Holzlöffel
– Metallsieb
– Schneidebrett
– beschichtete Bratpfanne
– große Schüssel aus Plastik
– Thermosflasche
– Kühltasche
– luftdichte Plastikbehälter, am besten viereckig (sind leichter zu verstauen)

- Klebeband und eine Rolle mit Plastiktüten zum Abreißen
- Abfalltüten
- Wasserkessel (manche Campingausrüstungsgeschäfte führen Kessel, in denen Wasser besonders schnell kocht)
- Teekanne
- Eimer
- Topfkratzer und Spüllappen
- Wäscheklammern
- Fliegenklatsche
- Plastikkanister für Wasservorrat; klemmt man ein Stückchen Plastikfolie unter den Deckel, kann das Wasser nicht auslaufen. Oder man bewahrt das Wasser in elastischen Beuteln (aus dem Campinggeschäft) auf. Sollte das Wasser einmal grüne Algen angesetzt haben, wäscht man den Behälter mit Wasser und Sand aus.
- Kochbuch mit landesüblichen Rezepten, wenn es eins gibt.

Beim Beladen eines Fahrzeugs lohnt es sich, besonders sorgfältig vorzugehen. Fahrten über holprige Straßen können sonst ein Chaos verursachen. Obgleich wir für unsere Sahara-Durchquerung sehr sorgfältig gepackt hatten, wurde unser Landrover so sehr durchgeschüttelt, daß von den Behältern mit Druckverschluß die Deckel absprangen und der Inhalt ausschwappte; Schraubverschlüsse lockerten sich, Gläser zerbrachen, Nahrungskonserven wurden aufgeschlitzt oder explodierten, und in der Lebensmittelkiste fanden wir nur noch ein einziges Geschmier aus Speiseöl, Teeblättern, Waschpulver, Gewürzen, Zucker, Reis und Glassplittern.

Hier einige Tips, die wir damals hätten wissen sollen: Alles aus Glas in unzerbrechliche Behälter umfüllen. Klebrige Substanzen wie Marmelade, Honig, Ketchup oder Margarine am besten in Plastiktuben abpacken. Diese mehrfach verwendbaren Tuben kann man in Campinggeschäften kaufen. Sie werden von ihrem

Flußüberquerung mit einem Floß in Papua-Neuguinea

Ende aus gefüllt und mit einer Klammer verschlossen. Alle Tuben zusammen in einer Kiste aufbewahren, und auch alle Dosen und Tüten mit Nahrungsmitteln zusammen in einem Behältnis transportieren. Alles fest mit Gummibändern verschließen. Nicht vergessen, daß Pappkartons nicht lange halten und auch Plastiktüten verschleißen. Besser, man nimmt gleich zwei Tüten auf einmal.

Man braucht nicht von allen Nahrungsmitteln gleich die ganze Packung mitzunehmen. Kleine Mengen werden in leere Film- oder Pillendöschen abgefüllt. Beschriften nicht vergessen!

Buschküche – Nahrungsmittel von zu Hause

Die folgende Liste gibt eine Auswahl an Nahrungsmitteln, die wenig wiegen, platzsparend und nahrhaft sind und gut schmecken. Manches bekommt man im Supermarkt oder in der Drogerie, anderes nur in Spezialgeschäften, z. B. für Expeditionsausrüstungen. Man sollte nicht alles von der Liste mitnehmen, sondern nur das, worauf man besondere Lust hat. Ich glaube, das einzig wirklich Wichtige ist das Salz.

- Löslicher Kaffee
- Teebeutel
- Milchpulver – gibt es auch zu Tabletten gepreßt
- Zucker oder Süßstoff – der viel leichter und platzsparender ist als Zucker
- Salz – es gibt auch Salz mit Buttergeschmack, um das Gemüse zu verfeinern. Es ist manchmal in Luxus-Supermärkten erhältlich.
- Pfeffer – eine winzige Menge genügt
- Kräutermischung und Gewürze – kleine Mengen von z. B. Curry, Ingwer, Muskat, Zimt. Sie nehmen praktisch keinen Platz ein und wiegen so gut wie nichts, aber man bekommt etwas Geschmack an sein Essen. Manchmal würze ich auch meinen Tee.
- Zitronensäure – kristallines Zitronenkonzentrat aus der Apotheke oder Zitronensaftkonzentrat
- Orangenpulver – für einen guten Tagesbeginn
- Müsli oder Haferflocken
- Nüsse, Rosinen und Trockenfrüchte
- Reis und/oder Kartoffelpüree (Trockenprodukt) oder Teigwaren
- Päckchensuppe – auch gut für Soßen, Eintöpfe usw.
- Brühwürfel – zum Würzen von Eintöpfen oder Soßen
- Hülsenfrüchte – getrocknete Linsen, Sojabohnen, Saubohnen, Trockenerbsen usw.

- Trockenfleisch und Trockengemüse
- Speiseöl
- Margarine
- Volleipulver
- Mehl – ein bißchen zum Andicken von Eintöpfen, zum Über-stäuben von Fleisch vor dem Braten und für Gebäck
- Backpulver – sehr wenig
- Tomatenmark – in der Tube oder getrocknet
- Käse – Schmelzkäse in Tuben. Oder getrockneter Käse wie z. B. Parmesan
- Schokoladenpulver – leicht zu verwenden. Bioläden verkaufen manchmal konzentrierten Schokoladenersatz, z. B. aus Johannisbrot.
- Essigpulver – kann man selbst herstellen: 1 Tasse Reis über Nacht in 5 Tassen Essig einweichen, dann den Reis in dem Essig kochen und im Backofen langsam trocknen. Wenn der Reis trocken ist, mahlt man ihn zu Pulver. Um den Essig wiederzugewinnen, weicht man das Reispulver eine Stunde lang (im Verhältnis 1:5) in Wasser ein.
- Konserven – Dosenfleisch und -fisch sind praktisch, aber schwer.

Ich versuche mich immer auf das absolute Minimum zu beschränken und besorge mir lieber die Produkte des Landes unterwegs. Ich kaufe lieber weniger und öfter, als Vorräte anzulegen. Am besten kauft man auf dem Markt und was der Jahreszeit entspricht.

Wer schon im voraus einen Bestand an Proviant anlegen will, findet im Anhang eine Liste mit Namen und Anschriften von Expeditionsausrüstungs-Fachgeschäften.

Speziell für Expeditionen hergestellte Nahrungsmittel werden nur in Großpackungen abgegeben. Vielleicht findet ihr in Warenhäusern Vergleichbares in kleineren Portionen.

Erste Hilfe

Meine Reiseapotheke besteht aus:
- Malariatabletten
- Insektenabwehrende Mittel
- Antihistaminsalbe – kleine Tube für Insektenstiche
- Antiseptische Salbe – kleine Tube
- Antibiotische Salbe – kleine Tube. Tetracycline sind Breitband-antibiotika.
- Pflaster – eine Auswahl
- Schmerzmittel – sehr starke
- Tigerbalsam – ein fernöstliches Produkt, das überall in indischen Läden verkauft wird. Es hilft bei Verrenkungen, Muskelschmerzen und Muskelkater, Kopfschmerzen, Insektenstichen und Juckreiz. Empfehle ich dringend!

Als wir mit dem Landrover von England aus aufbrachen, hatten wir eine voll ausgerüstete Reiseapotheke dabei. Wir brauchten nichts davon für uns selbst, dennoch war es sinnvoll: Wir behandelten die Leute, die uns unterwegs um Hilfe baten. Glücklicherweise ging es bei den meisten lediglich darum, eine Wunde zu säubern und einen sterilen Wundverband anzubringen. Als Laie stärkere Medikamente abzugeben, kann gefährlich sein. Da waren die vielen jungen Männer, die um Tabletten baten. Sie waren meistens nicht krank, nahmen aber alle Medikamente, die sie kriegen konnten, egal wofür oder wogegen. Sie glaubten einfach, daß man von Pillen stark und sexy wird!

Reisekleidung

Dazu zählt sowohl die Kleidung, die man in dichtem Busch und beim Durchwaten von Bächen trägt, wie auch beim Reiten und wenn man bei offiziellen Stellen etwas erreichen will.

Schuhwerk – In offenen Sandalen bleiben die Füße auch bei großer Hitze kühl. Für Tropen- oder Dschungelstiefel ist man im Busch oder in sumpfigen Regionen dankbar. Leinenstiefel haben gegenüber denen aus Leder den Vorteil, daß sie leichter sind und vor einem Lagerfeuer innerhalb kurzer Zeit trocknen.

Rock, Hose oder Sarong? – Wenn Leute in kalte Gebiete reisen, nehmen sie meist automatisch ausreichend warme Kleidungsstücke mit. Aber auch in den Tropen braucht man manchmal einen warmen Pullover.

Für Männer sind Jeans und Shorts zumeist eine angemessene Bekleidung, während es für Frauen in weiten Teilen der Welt schwieriger ist, sich so zu kleiden, daß es gesellschaftlich akzeptiert wird. Der Anblick einer Frau in Shorts kann in manchen Ländern Widerwillen hervorrufen, in denen die öffentliche Moral verbietet, daß Frauen ihre Oberschenkel zeigen. Schlampige und dreckige Kleidung macht einen schlechten Eindruck. Wer respektabel aussieht, dem wird auch mit Respekt begegnet. In Ländern der dritten Welt reise ich meistens mit einem langen Rock; er ist kühl, bequem und praktisch. In dichtem Gestrüpp werden meine Beine nicht so zerkratzt, und bei Bergtouren ziehe ich den rückwärtigen Saum zwischen den Beinen hindurch und stopfe ihn in den vorderen Bund – schon habe ich weite Pumphosen.

Ein Sarong ist ein in jeder Hinsicht brauchbares, informelles Kleidungsstück für Männer und Frauen. Er besteht aus einem großen Stück Stoff, das um den Körper geschlungen wird, entweder von der Hüfte oder der Brust bis zum Knie. Sarongs werden in vielen Ländern getragen. In Flüssen oder auch überall sonst, wo man nicht nackt baden kann, trage ich einen Sarong.

Manchmal muß man sich auch fein machen können, denn selbst in den abgelegensten Orten wird man – als wichtiger ausländischer Besucher! – oft zu einem besonderen Fest eingeladen. Das kann alles sein, vom königlichen Bankett bis zur Dorfhochzeit, wo die Höflichkeit gebietet, daß man wenigstens eine gewisse Bemühung um angemessene Kleidung erkennen läßt (ich wurde z. B. einmal der Königin von Thailand vorgestellt). Für Frauen ist ein klein zusammenfaltbarer, knitterfreier, langer Rock die Lösung, während Männer ein ordentliches Paar langer Hosen mitnehmen sollten, weil Jeans zuweilen als unpassend empfunden werden und Jeansträgern manchmal sogar der Zutritt verwehrt wird.

Sonnenschutz – Ein Sonnenhut ist wichtig, eventuell eine Sonnenbrille und Sonnencreme, ein Fettstift für die Lippen und vielleicht noch eine Extracreme fürs Gesicht.

Toilettenartikel – Seife (praktisch ist eine flüssige Waschemulsion), Handtuch, Haarbürste oder Kamm, Taschenspiegel, Nagelfeile, Zahnpasta, Zahnbürste, Zahnseide, etwas Waschpulver bzw. Waschpaste, Shampoo, Toilettenpapier..

Wie man Freunde gewinnt

Das veraltete, koloniale Vorurteil vom verruchten Händler, der die armen Eingeborenen mit einer Handvoll Perlen übers Ohr haut, geistert noch immer in den Köpfen vieler. Als Darwin mit der „Beagle" nach Feuerland segelte, brachte er zum Beispiel den Alacaluf-Indianern Hüte mit! Nichtsdestotrotz ist es eine Tatsache, daß man durch passende Geschenke Freunde gewinnt und man sich damit für kleinere oder größere Gefälligkeiten, die man unterwegs in Anspruch nimmt, erkenntlich zeigen kann. Hier ist meine bewährte Checkliste von Dingen, mit denen man gut Kontakt herstellen kann, und beliebten Mitbringseln:

Lexikon der Nationalsprache (falls erhältlich) – Meine Erfahrungen mit Sprachreiseführern, in denen ganze Sätze vorgegeben werden, sind eher frustrierend. Wenn ich nicht genau das sagen will, was in den Sätzen angeboten wird, bin ich aufgeschmissen.

Fotos von zu Hause und Familienfotos – Menschen in abgelegenen Gegenden freuen sich sehr über Bilder, die zeigen, woher man kommt; und gemeinsam Fotos anzuschauen ist eine gute Form von Kommunikation. Auf Fotos mit Schneelandschaften bekommt man in den Tropen interessante Reaktionen. Man sollte ein paar Bilder zum Verschenken mitnehmen.

Fotoapparat und viele Filme – Wer eine alte Polaroidkamera besitzt, sollte sie unbedingt mitnehmen, denn normalerweise freuen sich die Leute sehr über ein Foto von sich selbst. Sie sind dann auch unbefangener, wenn ihr sie danach mit dem normalen Fotoapparat knipst.

Tauschartikel und Geschenke – sind in entlegenen Gebieten oft nützlicher als Geld. Zum Tausch eignen sich vor allem Tabak, Wegwerffeuerzeuge, Kugelschreiber und T-Shirts. Zum Tabak kann man stehen, wie man will, er ist doch ein weitverbreitetes Genußmittel, und wenn ihr euren Tabak mit einer Gruppe teilt, gewinnt ihr zumeist allgemeines Wohlwollen. Eine Handvoll Tabak kann man auf vielen Marktplätzen für wenig Geld bekommen. Bei manchen Stämmen wird der Tabak geraucht, bei anderen gekaut. In weniger entlegenen Dörfern rauchen die Leute Zigaretten. Ich teile gern meine mit den alten Leuten, wenn ich mit ihnen zusammensitze und ihnen beim Erzählen zuhöre.

Sicherheitsnadeln, Taschenspiegel und Nadeln mit großem Öhr stehen hoch im Kurs. Auch Salz ist ein ausgezeichnetes Geschenk.

Dekorative Perlen werden von Männern und Frauen hochgeschätzt – man sollte sich wegen der alten kolonialen Geschichten kein schlechtes Gewissen machen.

Mit Süßigkeiten kann man sich bei Leuten bedanken, die man fotografiert hat, vor allem bei Kindern. Aber Vorsicht: Auf den großen Landrouten haben Durchreisende wahllos Geschenke an die Leute und Süßigkeiten an die Kinder verteilt. Überall auf der Piste durch die Sahara kamen Kinder in Scharen zu unserem

Gewürze auf einem chinesischen Markt

Landrover gestürmt. Sie stellten sich vor uns auf und forderten lautstark Geschenke. Sie wurden immer wütender und das Geschrei immer bedrohlicher, weil ich ihnen nichts gab. Man muß nicht glauben, daß man sie loskriegt, wenn sie etwas bekommen. Sie werden zwar verschwinden, aber nur, um ihren Freunden zu sagen, wo sie euch finden.

Papierkram

Reisepaß – Den sollte man immer bei sich tragen. Eine Fotokopie des Reisepasses bewahrt man getrennt von ihm auf. Beim Fotokopieren sollte man am besten auch gleich den Führerschein und die Geburtsurkunde mit kopieren. Für alle Fälle...

Weitere Paßfotos, ungefähr zwanzig, sind sehr hilfreich. Man braucht sie unterwegs für Visa usw. Manche Länder verlangen mehrere Paßfotos pro Visumantrag. Die Visa sollten möglichst schon vor Antritt der Reise vorliegen. Ablaufdatum beachten! Studentenausweis und Jugendherbergsausweis mitnehmen, wenn vorhanden.

Reiseschecks – Es ist sinnvoll, für den Fall, daß es keine Bank in der Nähe gibt, einige niedrige Schecks im Wert von 20–50 DM bei sich zu haben. Es gibt Situationen, in denen man nicht mit Wechselgeld rechnen kann.

Einwandererbehörden wollen oft sehen, ob man genug Geld bei sich hat, um sich während des Aufenthalts im Land selbst versorgen zu können. Außerdem werden mehr Travellerschecks verlangt, wenn man, wie es bei mir oft der Fall ist, über den Landweg von einem Land zum anderen reist und kein Rückflugticket vorweisen kann.

Flugticket – Ein Rückflugticket gilt als eine Art Beweis, daß man ein ehrlicher Durchreisetourist ist. Als Alternative dazu kann man versuchen, sich von einer Fluggesellschaft ein MCO *(miscellaneous charges order)* ausstellen zu lassen. Das ist eine Art Gutschrift, die man bei der entsprechenden Fluggesellschaft gegen ein Ticket eintauschen kann. Mit einem MCO kann man praktisch von überall abfliegen, wo es einen Flughafen gibt und die Fluggesellschaft, die das Ticket ausgestellt hat, eine Niederlassung besitzt. Es muß jährlich erneuert werden und wird nur am Ausstellungsort zurückerstattet.

Kranken- und Unfallversicherung – kann sich als sehr sinnvoll erweisen. Erkundigt euch z. B. bei:
- Touristik Assekuranz-Service GmbH, Postfach 700 950, 6000 Frankfurt 70

- Elvira Versicherungs-AG, Neherstr. 1, 8000 München 80
- Albatros Versicherungsdienste GmbH, Von Gablenz Str. 2–6, 5000 Köln 21
- Hansa-Merkur Reiseversicherungs-AG, Neue Rabensstr. 3–12, 2000 Hamburg

Impfpaß – Man sollte sich etwa einen Monat vor der Abreise darüber informieren, was für Impfungen notwendig sind. Genaue Information bekommt man in den Tropeninstituten von Universitäten oder bei Tropenfachärzten (siehe Anhang). Achtet darauf, wann die Immunisierungen und die Gültigkeit der Visa auslaufen.

In Indonesien war irgendwann einmal mein Visum abgelaufen, und der Chef der Einwanderungsbehörde sagte, ich müsse mit dem nächsten Flug das Land verlassen. Von Jayapura aus ging nur einmal wöchentlich ein Flugzeug, und das flog nach Papua-Neuguinea. Ich kaufte also ein Ticket. Erst als ich das Flugzeug besteigen wollte, verlangte man meinen Impfpaß. Die Cholera-Impfung war nicht mehr gültig. Der Beamte verweigerte mir den Zutritt zum Flugzeug und die Einwanderungsbehörde den Aufenthalt in Indonesien. Auch der Pilot wollte mich nicht mitnehmen. Die Aufregung nahm zu, und bald schrie jeder jeden wütend an. Jeder, außer mir. Ich saß ganz still in der Ecke und betete, man möge mich nach Papua-Neuguinea fliegen lassen, nachdem ich bereits seit acht Monaten dorthin unterwegs war. Aber der Pilot gewann den Streit, und das Flugzeug startete ohne mich. Als es davonflog, schaute sich der Zöllner meinen Paß an und bemerkte, daß auch meine Einreiseerlaubnis für Papua-Neuguinea am nächsten Tag auslaufen würde. Ich hatte noch 24 Stunden Zeit, um legal nach Papua-Neuguinea zu gelangen, und meine letzte Hoffnung verschwand gerade irgendwo hinter den Wolken.

Mir war, als würde mir der Boden unter den Füßen weggezogen. Nach achtmonatiger Reise knallte man mir die Tür regelrecht vor der Nase zu. Nach mehreren Stunden intensiver Bemühungen arrangierte der Chef der Einwanderungsbehörde für mich die Abreise aus Indonesien für den nächsten Morgen um 6 Uhr in einem Boot der Küstenwache. Das brachte mich nach Vanimo, einem kleinen Außenposten am hintersten Ende von Papua-Neuguinea. Das war gerade noch einmal gutgegangen, aber ich möchte wirklich niemandem empfehlen, das Glück auf diese Weise herauszufordern.

Fahrzeugpapiere – Will man mit einem Fahrzeug ins Ausland reisen, braucht man spezielle Papiere. Unerläßlich ist für alle in der BRD angemeldeten Fahrzeuge die grüne Versicherungskarte. Nähere Informationen über die Erfordernisse für einzelne Länder erhält man bei den Hauptgeschäftsstellen des ADAC, die im Anhang aufgelistet sind. Vergeßt nicht den internationalen Führerschein!

Reisepapiere für Tiere – Eine tierärztliche Bescheinigung über den Gesundheitszustand des Tieres und der Nachweis bestimmter Impfungen ist notwendig. An jeder internationalen Grenze werden – egal für welches Tier – Einfuhr- und Ausfuhrpapiere verlangt. Ich selbst habe das erst erfahren, nachdem ich ein Pferd beim Querfeldeinreiten über mehrere Grenzen mitgenommen hatte, die ich völlig ahnungslos überschritten habe. Diese Grenzen waren nicht markiert, sondern verliefen beispielsweise an einem Fluß entlang oder waren durch einen Bergrücken gekennzeichnet. Irgendwann stand ich dann jedenfalls vor einem Polizeichef, der auf meinen Paß deutete und schrie: „Aber Sie haben ja gar kein Visum!" Aus purem Zufall hatten mein Pferd und ich das vorige Wochenende bei der Familie des Präsidenten verbracht, der dem Polizeichef dann auftrug, mir ein Visum für so lange Zeit auszustellen, wie ich es wollte. Aber mit soviel Glück kann man nicht immer rechnen!

In Ost- und Südafrika ist es geraten, ein Pferd gegen die von der Tsetsefliege übertragene Schlafkrankheit impfen zu lassen. Die

Impfung ist wirksamer, wenn sie zweimal im Abstand von einer Woche verabreicht wird. Noch ein Tip: Nach der Impfung gegen Pferdegrippe sollte das Tier mindestens zwei Wochen lang ruhen. Wenn es sich zu sehr bewegt und ins Schwitzen kommt, wird das Herz überanstrengt, und es könnte einen Herzinfarkt erleiden.

Unentbehrliche Extras

Ersatzteile fürs Fahrzeug – Jeder Autotyp hat seine Schwachstellen. Auskunft über Ersatzteile erteilen Automobilclubs oder Expeditions-Ausrüstungsbetriebe (siehe Anhang).

Und nicht zu vergessen: Kugelschreiber, Schreibblock und Bleistift (schreibt auch auf feuchtem Papier), Umschläge und unfrankierte Aerogramme.

Ein Handbuch über die eßbaren heimischen Pflanzen mit guten Illustrationen gibt mehr Sicherheit, wenn man den Vorschlägen von Kapitel 15 folgen und sich unterwegs auch von Wildpflanzen ernähren will.

3. Pflege von Reit- und Packtieren

Beschlagen oder nicht beschlagen?

Pferde, die von einer Ranch stammen, wo der Boden hart und steinig ist, brauchen nicht beschlagen zu werden, weil ihre Hufe abgehärtet sind. Pferde dagegen, die Grasweiden gewöhnt sind, haben weichere Hufe. Wenn ein Pferd nach jahrelangem Aufenthalt auf Gras plötzlich auf harten Boden gebracht wird, können sich seine Hufe so drastisch ausweiten, daß sie nie wieder gesund nachwachsen können. Breitgetretene Hufe splittern leicht und verstärken die Neigung zu lahmen.

Ein Pferd mit harten Hufen ohne Hufeisen hat den Vorteil, daß die Hufe nur selten gepflegt werden müssen. Sie treten sich beim Gehen über Sand und Kies von selbst ab und bleiben in Form.

Beschlagene Hufe sollten alle 4–6 Wochen gepflegt weden, da sie wie Fußnägel nachwachsen, lang und unförmig werden und u. U. das Hufeisen abstoßen. Auch wenn die Eisen noch nicht abgelaufen sind, müssen sie entfernt und die Hufe in Form gefeilt werden. Mir sind kurze Hufe am liebsten. Die Nägel sollen möglichst weit oben sitzen mit genügend Abstand dazwischen, damit das Eisen mehr Elastizität bekommt.

Heißes Beschlagen erzeugt eine bessere Paßform als das kalte. Handwerkliches Können erfordern beide Methoden. Hufschmiede sind mancherorts schwer zu finden; man sollte deshalb Reservenägel mitnehmen.

Die tägliche Pflege

Hufe – Beschlagene Hufe müssen jeden Morgen mit einem Hufkratzer oder einem Stock ausgekratzt werden. In Schneeregionen sollte man sie täglich mehrmals auskratzen, um zu verhindern, daß sich der Schnee in den Hufen zu Eisklumpen zusammenpreßt und das Pferd dadurch zu lahmen beginnt.

Striegeln – Striegelt sorgfältig die Stelle, wo der Sattel sitzt. Wenn es sehr kalt ist, braucht das Pferd nicht gestriegelt zu werden, weil das körpereigene Fett und der Staub das Pferd vor Kälte schützen.

Ein Bad für den Elefanten – Einen Dickhäuter muß man jeden Tag baden lassen. Stundenlange Märsche durch bergigen Urwald erhitzen ihn und machen ihn reizbar. Verständlicherweise genießt er zwischendurch ein kühlendes Bad. Meine Elefantenkuh liebte vor allem ihr Bad in Flüssen oder Seen, die gerade so tief waren, daß sie sich hineinlegen konnte. Fanden wir einmal keinen geeigneten Fluß, dann tat es auch ein größerer Strom. Sie saugte

Beschlagen eines Maultiers in der althergebrachten
Seilvorrichtung (Nordwest-China)

dann das Wasser mit ihrem Rüssel an und spritzte es sich über den Rücken. Ihr Junges dagegen genoß gerade die größeren Flüsse. Sein Lieblingsspiel war, vom Fluß aus das Ufer zu bespritzen.

Staubbäder gehören mit zur täglichen Körperpflege. Mein Elefant stäubte sich oft völlig ein, um die Mücken abzuwehren. (Manche Mücken stechen selbst durch Elefantenhaut!) Es ist wichtig, den Staub abzuwischen, bevor man den Sattel auflegt, da der Elefant sonst wund wird.

Wunden und Satteldruck

Wenn sich der Satteldruck bereits zu offenen Stellen in der Haut ausgewachsen hat, ist die Chance, daß diese noch während der Reise abheilen, sehr gering. Um Satteldruck zu verhindern, muß man sich immer vergewissern, daß der Rücken sauber und trocken ist, bevor das Tier gesattelt wird. Es ist ratsam, eine Satteldecke zu benützen, oft Rast zu machen und dabei den Sattel abzunehmen. Alle Wunden mit sauberem Salzwasser (oder Meerwasser) auswaschen und mit einem Antiseptikum, wie z. B. „Blauspray", versorgen. Die Wunden müssen immer sauber, trocken und vor Fliegen geschützt sein. Die Wunden werden dazu mit Stoffpflastern abgedeckt.

Zecken

Waschungen mit einer Lotion – eine wirksame Methode, um das Pferd von Zecken zu befreien. Zecken können die Gesamtkonstitution des Tieres stark beeinträchtigen und Fieber oder sogar den Tod verursachen. Am einfachsten ist es, mit einem Schwamm die Lauge gut in das Fell des Tieres einzureiben oder die Sprühanlage eines Bauern zu benützen. Diese Sprühanlagen sind für Rinder konstruiert und bestehen aus einem langen, schmalen Durchgang, in dem das Tier von beiden Seiten besprüht wird. Es kann sein, daß das Pferd sehr erschrickt, wenn es eine solche Anlage noch nicht kennt, aber es kann nichts passieren. Das Pferd sollte nicht zu schnell durchlaufen, sonst nimmt das Fell nicht genug Lösung auf, und die ganze Prozedur war umsonst. Das Pferd soll dann in der Sonne trocknen. Man darf nicht mit dem Pferd durch die Anlage gehen, denn das Spray ist sehr stark. Sogar die Haut an meinen Händen reagierte allergisch darauf.

Früher ließ man die Rinder auf größeren Farmen in ein Becken mit Desinfektionsflüssigkeit springen, aus dem sie dann an einer flachen Seite herausschwammen. Ich würde mein Pferd kein Beckenbad nehmen lassen, weil es sich beim Sprung verletzen könnte.

Die Wirkung der Desinfektion soll etwa eine Woche anhalten. Das ist abhängig von der Regenmenge, die in der Zwischenzeit gefallen ist, und von der Vermehrung der Zecken. Auf manchen Farmen mußten die Rinder zweimal wöchentlich besprüht werden.

Zeckenfett – Ich trage immer gern eine Dose Zeckenfett bei mir. Das schmiere ich in die Ohren des Tieres, um das obere Ende des Schweifs sowie um seine Fesseln, damit die Zecken nicht vom Boden her hinaufklettern.

Zecken mit der Hand entfernen – Wenn ihr eine Zecke seht, die sich gerade im Tier verbeißt, zieht sie ab. Greift den Körper der Zecke entschlossen mit Zeigefinger und Daumen und zieht fest daran. Der Kopf muß mit herausgezogen werden. Wenn der Kopf abreißt, kann das Tier Fieber bekommen oder die Wunde kann sich infizieren.

Führstrick und Fußfesseln

Leine zum Anbinden – Pferde kommen nur schwer damit zurecht, angebunden zu werden, wenn sie es nicht schon von klein auf gewohnt sind. Ein Führstrick kann leicht eine Schlinge bilden, in die das Pferd hineinsteigt. Wenn diese sich dann um das Bein zuzieht, gerät das Pferd in Panik.

Eine kleinere Gruppe von Pferden wird normalerweise nicht weglaufen, wenn eine oder zwei Stuten angebunden oder mit Fußfesseln versehen werden.

Ein angebundenes Pferd braucht eine lange Leine, weil es einen großen Teil seiner Weide zertrampelt. Die sicherste Art, ein Pferd anzubinden und ihm doch größtmögliche Bewegungsfreiheit zu gewähren, ist, es mit einem langen Seil an einem biegsamen Ast oben am Baum anzubinden. Je höher der Ast, um so länger kann das Seil sein (um so größer auch die Weidemöglichkeit). Das Seil sollte den Boden nicht berühren, sondern ein paar Zentimeter kürzer sein, so daß das Pferd nicht so leicht drübersteigen und sich völlig verheddern kann. Wenn der Ast nachgibt, kann das Pferd ihn herunterziehen und so genügend frische Weidefläche erreichen.

Eine andere Methode verwendet man auf flachem Boden oder wo es keine Bäume gibt, indem man die Leine an einen Pfahl oder Pflock bindet. Dabei kann sie sich aber leicht verwickeln.

Wenn ich mit zwei Pferden unterwegs bin, binde ich manchmal einfach ihre Halsleinen zusammen, so daß sie nahe beieinander grasen, aber nicht so leicht weglaufen können. Ihre Leine würde sich sonst an Steinen und Bäumen festhaken.

Führstricke – Meine Pferde tragen gewöhnlich Führstricke: ein langes Seil, dessen eines Ende locker um den Pferdehals gebunden ist. Solange das Pferd grast, hängt die Leine am Boden, und wenn es darauftritt, erinnert es sich daran, daß es nicht ausreißen soll. Pferde von einer Ranch sind oft darauf trainiert, nicht wegzulaufen. Mit einem Führstrick von etwa 7 m ist das Pferd auch leichter einzufangen. Nylonseile sind stark und wiegen wenig. Unterwegs kann die Leine zu einem Lasso aufgewickelt oder als Zaumzeug verwendet werden.

Fußfesseln – Mit Fußfesseln bindet man zwei Fußgelenke zusammen: entweder die beiden vorderen (finde ich besser) oder den Vorderfuß und den Hinterfuß derselben Seite. Werden zwei diagonal gelegene Fesseln verbunden, ist die Wirksamkeit nicht so groß, weil das Pferd beim Gehen gleichzeitig die diagonalen Hufe nach vorne setzt.

Manchmal bindet man auch den Halfter und einen Vorderfuß zusammen. Die Leine ist dann so kurz, daß sie den Kopf des Pferdes nach unten zieht (um schnell zu laufen, muß es den Kopf heben). Das kann man machen, solange das Pferd nur grast, es kann so aber nicht schlafen oder dösen.

Fußfesseln dürfen nicht schmerzen. Man muß also darauf achten, daß sie nicht scheuern!

Ein Südafrikaner gab mir einmal einen Streifen aus ungegerbtem Leder, das ich einölte, bis es weich und geschmeidig war. Dann zeigte er mir, wie man daraus eine Fußfessel improvisiert: Man faltet den Lederstreifen zu einem Doppelstrick zusammen und legt die Enden um ein Bein, dann durch die Schlinge, die sich durch das Zusammenfalten ergibt. Die beiden Enden knotet man dann um das andere Bein zusammen.

Fußfesseln kann man auch aus einem Steigbügelriemen herstellen, indem man den mittleren Teil um ein Fußgelenk legt, den Riemen dann etwa sechsmal verzwirbelt und um die Fessel des anderen Hufs zieht.

Man sollte meinen, Pferde mit Fesseln könnten nicht rennen, aber eines von meinen flippte einmal wegen eines Kamels aus und galoppierte mit den zusammengebundenen Vorderhufen hüpfend davon.

Fußfesseln für Kamele – Wenn ihr ziemlich sicher seid, daß euer Kamel nicht weit weg laufen kann, dann laßt es sich hinkauern und bindet einen Strick um eines seiner vorderen gebeugten Knie. So kann es aufstehen und zum Weiden auf drei Beinen herumhoppeln. Es kann sich auf drei Beinen jedoch ziemlich weit wegbewegen. Manchmal ist es deshalb nötig, dem Kamel beide gebeugten Vorderbeine festzubinden. Dann muß man es aber mit Nahrung versorgen, weil es das selbst nicht mehr kann.

Grasen und Füttern

Grasen – Tiere, die in einer sehr kargen und dürren Umgebung aufgewachsen sind, wissen zumeist jeden kleinsten Grashalm ausfindig zu machen und nach Wurzeln und Wasser zu graben. Tiere, die unter besseren Konditionen groß wurden, haben diese Fähigkeiten nicht.

Wenn das Tier nur im Schritt geht oder die Reise kurz ist, lasse ich meine Tiere sich selbst versorgen, vorausgesetzt, das Land bietet ein angemessenes Maß an Weidefläche. Ist die Weide allzu üppig, das Gras sehr saftig, kann das beim Pferd zu Magenkomplikationen führen. Ich lasse das Tier dann zwei bis drei Tage lang das saftige Gras genießen und führe es dann zu dürrerem Weideland.

Auf Wiesen, die von Kühen beweidet werden, sieht das Gras oft grün und saftig aus, schmeckt aber wegen der Kuhmistdüngung sauer. Nach den ersten Büscheln zog mein Pferd unwillig und hungrig davon, weigerte sich aber, dieses Gras zu fressen.

Man findet schnell heraus, welche Art von Gras ein Pferd am liebsten frißt. Die bevorzugten Sorten sind wahrscheinlich auch die nahrhaftesten, wie z. B. wilder Hafer. Die Tiere haben auch bei der Art des Grases gerne Abwechslung. Sie verweigern nach einer Weile sogar irgendwelche Leckerbissen, wenn man sie ihnen zu oft anbietet. In manchen Ländern gibt es giftige Grassorten. Die sollte man unterscheiden können, so daß Pferde, die in der Gegend nicht heimisch sind, dieses Gras nicht versehentlich fressen.

Füttern – Wenn ich den Anspruch an mein Pferd stelle, daß es schnell und ausdauernd ist, dann muß ich ihm auch zusätzliche, konzentrierte Nahrung geben. Findet man dieses kräftige Futter am Weg – um so besser. Mein südafrikanisches Pferd Xoza fraß als Ergänzungsnahrung Mais, Zuckerrohrstengel und -blätter, Luzerne, Süßkartoffeln, Rindermastfutter und trockene Hafergrütze. Einmal, als wir auf einer Farm Station machten, war mein Xoza morgens beim Melken zwischen den Milchkühen zu finden, wo er auf seine Ration Rinderfutter wartete. Mittags schloß er sich dann den Hühnern an, als diese gefüttert wurden, und fraß ihren Mais, und nachmittags wartete er vor der Tür auf Kuchen und Kekse.

Man sollte wissen, wie man warmes Mengfutter (aus Kleie) herstellt, das man am besten am Abend vor einem Ruhetag füttert: Man gibt dafür 1–1½ kg Kleie in einen Eimer, dazu 1 Eßlöffel Salz und 2 Eßlöffel Melasse und gießt das Gemisch mit so

In Nordwest-China ist das Pferd noch das normale
Transportmittel

viel heißem Wasser auf, daß es gut naß ist. Mit einem Sack zudecken und 20 Minuten abkühlen lassen.

Müden Pferden füttert man Haferschleim: Zwei Handvoll Haferflocken in einen Eimer, Wasser dazuschütten und gut durchmischen.

Jede Art von Getreide kann gequollen oder gemahlen als Brei zubereitet werden. Bei Hafer ist der geschrotete besser verdaulich als der im ganzen Korn. Muffiges Getreide verursacht Husten und Blähungen.

Um Husten zu kurieren, bereitet man einen Heutee zu: Dazu füllt man einen Eimer mit Heu und schüttet kochendes Wasser darauf. Den Eimer mit einem Sack bedecken und ziehen lassen.

Kamele – fressen alles Grünzeug: vom Laub oben in den Bäumen bis zum Gras am Boden. Sie kommen zwar lange ohne Wasser aus, müssen aber täglich fressen. Trockenes Stroh ist besser als gar nichts. Als Wiederkäuer brauchen sie Zeit für die Verdauung. Wenn ihr euch auf einem langen Marsch zwischen einem Tag zum Weiden und einem weiteren Tag ohne Wasser entscheiden müßt, dann solltet ihr lieber bleiben und das Tier fressen lassen. An der Größe des Höckers kann man erkennen, wie es die Reise verträgt. Wenn die Fettreserven dahin sind, ist der Höcker fast flach.

Elefanten – haben einen schier unersättlichen Appetit. Sie konsumieren täglich etwa 200 kg pflanzliche Nahrung. Meiner stellte mich vor das Problem, daß er, sobald ihm eine Bananenpflanzung ins Auge fiel, nicht nur die Früchte erntete, sondern sich gleich über die gesamten Stauden hermachte.

An der Tränke

Ihr könnt ein Pferd zur Wasserstelle führen, wenn es aber das Wasser nicht erreicht, kann es auch nicht saufen. Auf meinen Ritten habe ich einfach keinen Platz für einen Eimer. In diesen

Fällen wäre ein faltbarer Leineneimer sehr nützlich. Für Xoza improvisierte ich einen Eimer aus einer dicken Plastiktüte. Die mußte ich allerdings immer so lange halten, bis sie leergetrunken war. Mein nächstes Pferd hatte Angst vor der Tüte, und obgleich es Durst hatte, weigerte es sich eine ganze Weile, daraus zu trinken.

Wie oft braucht ein Tier Wasser? – Das kommt ganz auf die Gewöhnung an. Manche Pferde kommen tagsüber ohne Wasser aus, nur muß man dann abends eine Wasserstelle finden. Wenn das Pferd gewöhnt ist, oft zu saufen, sollte man es lassen, wann immer es will. Je mehr es allerdings in der Tageshitze säuft, um so mehr schwitzt es. Es kann gefährlich werden, wenn es sehr erhitzt säuft oder nachdem es eine große Portion Körner gefressen hat. Es sollte auf jeden Fall vor dem Fressen saufen, denn wenn es den Magen bereits voller Körner hat und dann erst säuft, beginnt das Getreide zu quellen, und der Bauch schwillt an.

Kamele müssen daran gewöhnt werden, lange Zeit ohne Wasser auszukommen. Die Gewöhnung erfolgt, indem man die Zeiträume zwischen den Tränken allmählich immer länger werden läßt und sie schließlich auf Monate ausdehnt. Wenn ein Kamel nicht darauf trainiert ist, sollte es etwa alle vier Tage Wasser bekommen. Auch wenn es bei hohen Temperaturen hart arbeiten muß, reicht jeder dritte Tag aus. In kühlerem Klima, wo es auch frisches Grünfutter bekommt, kommt ein Kamel trotz Arbeit leicht zwei Wochen ohne Wasser aus.

Hindernisse auf dem Weg

Das Überqueren von Flüssen – Sandbänke unter Wasser sind ausschlaggebend dafür, ob man den Fluß durchwaten kann oder durchs tiefe Wasser schwimmen muß. Sandbänke werden von der Wasserströmung aufgebaut. Sie verlaufen nicht quer zu den

Krümmungen, sondern folgen einer imaginären Linie, die die inneren Ufer der einzelnen Flußwindungen auf beiden Seiten miteinander verbindet.

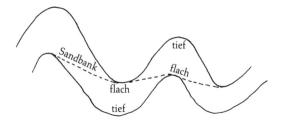

Bei Flüssen, die den Gezeiten ausgesetzt sind, ist es oft leichter, die Mündung zu durchqueren, als flußauf zu ziehen und durch sumpfige Lagunen zu schwimmen. Bei schnell fließenden Flüssen lohnt es sich, die Ebbe abzuwarten, wenn sich das Wasser beruhigt hat. Auch während der Flut gibt es eine etwas ruhigere halbe Stunde, bevor das Wasser wieder zurückgeht, aber in manchen Flüssen kommen Haie mit der Flut in die Mündung und suchen etwas Eßbares. Das kann gefährlich sein.

Beim Durchschwimmen eines Flusses behelfen sich Einheimische oft tragfähiger Schwimmhilfen, wie z. B. einer aufgeblasenen Tierhaut. Am Tigris verwendet man Ziegenhaut. Anderswo sind es Ochsenhäute, die bis zu 100 kg Gewicht befördern können. Alexander der Große und seine Truppen sollen mit Heu vollgestopfte Häute benutzt haben.

In Afrika sind harte, ausgehöhlte Kürbiskalebassen als Schwimmer verbreitet. Manchmal benützen die Leute zwei Kalebassen, die sie an eine Stange binden. Sie packen ihre Sachen in die Kürbisse, setzen sich auf die Stange und paddeln rüber. In Neuguinea durchquerte ich einen wilden Fluß mit dem dort üblichen Schwimmer. Er bestand aus drei kurzen, mit Lianen zusammengebundenen Baumstämmen. Ich hielt mich mit den Händen daran fest und schwamm mit den Beinen. Der Vorteil eines Schwimmers ist, daß er einen trägt, das Durchqueren eines Flusses also weniger anstrengend ist und das Gepäck halbwegs trocken bleibt.

Wenn ich einen Fluß mit Pferd und Gepäck durchschwimme, lege ich das Gepäck und den Sattel auf eine große Plastikplane, wickele es gut ein und binde es zu einem festen Bündel zusammen. Daran binde ich dann ein langes Seil. Das Bündel lege ich am Ufer in direkter Wassernähe ab, das Ende des Seils halte ich in der Hand. Dann führe ich das Pferd in den Fluß, dabei gehe ich neben der Schulter, die flußabwärts zeigt, damit ich beim Schwimmen nicht zwischen seine Beine geschwemmt werde. Es ist angeblich nicht empfehlenswert, auf dem Rücken des Pferdes zu sitzen oder zu liegen, während es schwimmt, und als generelle Regel gilt, daß man nebenher schwimmt oder sich am Pferdeschweif festhält. Von hinten dirigiert man das Pferd, indem man es mit der rechten Hand von schräg hinten anspritzt, um es nach links zu bewegen, und von links, wenn es nach rechts schwimmen soll.

Pferde sind normalerweise viel stärkere Schwimmer als Menschen, und meiner Erfahrung nach schwimmen sie liebend gern. Beim Schwimmen durch einen Fluß mit starker Strömung hält man den Kopf des Pferdes leicht flußaufwärts gerichtet, damit wird verhindert, daß es zu weit flußabwärts getrieben wird. Das Bündel mit dem Gepäck treibt hinterher. Ich verstehe selbst nicht, warum es nicht untergeht, aber bis jetzt ist es mir noch nie passiert.

Zäune – Fragt immer den Bauer um Erlaubnis, bevor ihr sein Land durchquert – das heißt, wenn ihr ihn finden könnt. Sonst könntet ihr wegen unbefugten Eindringens in ein fremdes Grundstück beschuldigt werden.

Lose Drahtzäune können manchmal so tief hinuntergedrückt werden, daß das Pferd darübersteigen oder -springen kann. Pferde können den dünnen Draht nicht erkennen, deshalb muß man vor

dem Darübersteigen eine Stange auf dem obersten Draht befestigen. Den Zaun mit Gras zu markieren ist irreführend, denn das
Pferd versucht dann möglicherweise einfach durchzustürmen.

Wenn euer Pferd das Hindernis verweigert, steigt am besten ab
und treibt es von hinten an. Behaltet nur das Ende der Halsleine in
der Hand, oder aber laßt es das ganz alleine machen, und feuert es
mit lauten Rufen an.

Sumpf – Immer wieder mußte ich mich an Flußufern und in
Sumpfgebieten mit meinem Pferd durch tiefen Schlamm kämpfen. Es ist wichtig, daß das Pferd immer vorwärts geht und nicht
stehenbleibt. Sobald es anhielt, konnte ich es oft kaum mehr von
der Stelle bewegen, und es sank immer mehr ein. Ich mußte es
dann mit aller Gewalt dazu zwingen, sich herauszuarbeiten.
Gutmütiges Zureden half in diesen Situationen nicht mehr weiter,
eher schon lautes Schreien und Kreischen.

Wenn der Sumpf wirklich so tief ist, daß man besser umkehrt
(kein leichtes Unterfangen), dann wäre es gut gewesen, es erst gar
nicht zu versuchen. Denn von nun an wird das Pferd möglicherweise weichen Untergrund verweigern. Ich bin noch nie umgekehrt, aber ich bin schon gerannt, um Hilfe zu holen, als das Pferd
bis zum Rücken im Dreck steckte. Es hatte den Kampf aufgegeben,
und ich konnte es partout nicht mehr umstimmen. Es war Mittag,
und ich hatte wegen eines Zeckenbisses ziemlich hohes Fieber. Bis
zur nächsten Farm mußte ich mehrere Meilen laufen. Die Farmer
verstanden meine Aufregung nicht, und es verging eine verzwei-
felte halbe Stunde, bevor ich mit Säcken, Seilen und Helfern zu
meinem Pferd zurückkehrte. Nach einer Stunde war es frei, zum
Glück unverletzt und hatte auch sonst keinen Schaden genommen.

Man sollte annehmen, daß ein Elefant mit seinem großen
Gewicht im Sumpf erhebliche Schwierigkeiten haben würde, aber
dem ist nicht so. Natur und Evolution taten ihr Bestes, um ihn gut

zu rüsten: Wenn ein Elefant auftritt, verbreitert sich durch das Gewicht der Fuß und verkürzt ihn auch ein wenig. Hebt er den Fuß nun wieder an, verlängert sich dieser wieder, wird schmaler und schlüpft so leicht aus dem Loch. Deshalb bleibt ein Elefant selten im Dreck stecken.

4. Auswege aus schwierigen Situationen

Das folgende Kapitel wird sich gegen Ende immer mehr zu einem Katastrophenkapitel entwickeln. Laßt uns also zunächst mit Überlegungen beginnen, wie man einige von ihnen im voraus verhindern kann.

Kommunikation

Wenn man die Landessprache nicht beherrscht, dann ist es noch wichtiger, stets höflich zu sein, zu lächeln und besser in irgendeiner Sprache guten Tag zu sagen, als überhaupt nichts zu sagen. Wobei es zumeist nicht schwer ist, den landesüblichen Gruß aufzuschnappen.

Wenn Leute grüßen, grüßt sie zurück, oder besser noch, grüßt gleich als erste. Wenn ich auf Feldwegen und kleinen Straßen entlangziehe, grüße ich alle Leute, die mich bemerken. Wenn sie mich nicht sehen, grüße ich sie nicht; da würde es sie vielleicht stören. Wenn sie mir nach dem Gruß eine Frage stellen, die ich nicht verstehe, dann nenne ich den Ort, zu dem ich unterwegs bin, und den, von dem ich komme – Orte aus der Nähe, die sie auf alle Fälle kennen. Eine Landkarte kann für die mit Schulbildung interessant sein, aber man darf nicht erwarten, danach den richtigen Weg zu bestimmten Orten erklärt zu bekommen.

Auch wenn man keine gemeinsame Sprache spricht, kann man sich mit Hilfe von z. B. Fotos, Landkarten oder kleinen Zeichnungen unterhalten (ich frage die Leute immer, ob es ihnen recht ist, bevor ich sie zeichne oder fotografiere; nicht alle mögen es). Am Ton der Stimme erkennt man normalerweise, ob Leute freundlich oder bedrohlich gestimmt sind oder ob sie einen warnen möchten. Ist man als Fremder höflich, wird unbeabsichtigtes Fehlverhalten großmütiger vergeben.

Andere Länder – andere Sitten

Ein bestimmtes Verhalten kann in einem Land als unverschämt angesehen werden, während es woanders von keinerlei Bedeutung ist. In buddhistischen Ländern gilt es als unschicklich, so zu sitzen, daß die Füße auf jemanden zeigen; es ist vulgär, wenn eine Frau eine Hand an die Hüfte legt, und beim geselligen Zusammensitzen regen sich die Männer auf, wenn eine Frau auf einem höheren Stuhl sitzt und ihr Kopf über die der Männer herausragt. Im Westen bekommt man eher einen unguten Eindruck von jemandem, der einem im Gespräch nicht in die Augen sieht, während es im Orient genau umgekehrt, als grob und rüpelhaft, empfunden wird, wenn man jemandem bei einer Unterhaltung direkt ins Gesicht schaut.

Reisen in sehr entlegene Gegenden sollten nicht zum Anlaß genommen werden, die Prinzipien der Frauenbewegung zu propagieren. Andererseits war ich oft überrascht, wie weit manche Menschen versuchten, mich ihren Sitten anzupassen. Als ich auf einer Reise im Indischen Ozean in einem isolierten, vom Perlenhandel lebenden Dorf ankam, führten mich die Frauen zu einer Hütte, nahmen mir meine Kleidung ab und zogen mir, als sei ich eine von ihnen, Sarong und Bluse an. Sie schminkten mein Gesicht mit weißem Puder und legten mir Perlenketten von ihren Austernbänken um Hals und Handgelenke.

Von der Türkei ab ostwärts wirkt es anstößig, wenn europäische Frauen und Mädchen Shorts tragen und ihre Oberschenkel in der Öffentlichkeit zeigen. Das gilt auch für die meisten Stammesgesellschaften. Nur wer sexuell provozieren will, sollte seinen Körper zur Schau stellen.

In Gemeinschaften, in denen Männer und Frauen getrennt leben, gibt es manchmal Männerpfade, die Frauen nicht betreten dürfen. Dieses Tabu schließt weiße Frauen zwar nicht notwendigerweise mit ein, da diese zumeist als eine merkwürdige Art von Freaks gelten, aber es ist in jedem Fall besser, man fragt.

Gastfreundschaft

Wer in einem Dorf übernachten will, sollte zuerst zum Häuptling oder Chef der Gruppe gehen und ihn begrüßen. Ich schüttele dann allen die Hand und lächele viel! Händeschütteln zeigt, daß man mit guten Absichten gekommen ist. Es kann Spannungen lösen und die Leute wohlgesinnt stimmen.

In einem Zulu-Dorf traf ich einmal einen wunderbaren alten Mann, der mich einlud. Wir konnten uns zwar nicht miteinander unterhalten, weil wir die Sprache des anderen nicht verstanden, aber er trug seinen Enkeln auf, ein Huhn fürs Abendessen zu schlachten. Als es fertig gekocht war und wir uns zum Essen niedergesetzt hatten, stürmte ein wütender Mann herein. Er war ganz außer sich, weil ich ihn nicht um Erlaubnis für meinen Aufenthalt gefragt hatte. Machtkämpfe sind keine rein westliche Erfindung! Ich sprang gleich auf, lächelte ihn an, schüttelte ihm innig die Hand und beglückwünschte ihn zu seinem freundlichen Dorf. Ich sagte ihm, wie stolz er auf den Alten sein könne, dessen gastfreundliches Verhalten ein gutes Licht auf das ganze Dorf werfe und so fort. Ich wußte, daß er wahrscheinlich kein einziges Wort verstand, dennoch hörte er den begeisterten Ton meiner Stimme. Jedenfalls hatte ich danach keine Probleme mehr.

Sepik-Frau beim Zubereiten von Sago

Wenn es euch möglich ist, dann schenkt etwas her, um euch für genossene Gastfreundschaft zu bedanken.

Ein reisendes Paar, das ich unterwegs traf, erzählte mir von seinen Schwierigkeiten: Jedesmal, wenn sie Tee oder Kaffee kochten, fühlten sie sich verpflichtet, allen im Haus etwas anzubieten, und nie lehnte jemand ab. Ihre Vorräte wurden schnell knapp. Sie hatten nicht verstanden, daß es dort unfein ist, etwas abzulehnen, was einem angeboten wird, also sagten die Leute automatisch ja.

Je nachdem, wieviel Vorrat ich bei mir habe, biete ich doch wenigstens dem Hausherrn und seiner Frau eine Tasse Tee an, wenn ich mir welchen aufbrühe; dann auch möglichst allen, die mir Essen angeboten haben. Wenn Tee übrigbleibt, schütte ich ihn in eine große Tasse, die dann herumgereicht wird, wobei ich erkläre, daß ich nicht viel habe. Man sollte nicht alle Vorräte vorzeigen, denn oft verstehen die Leute nicht, daß man sich etwas für morgen aufspart, anstatt gleich alles aufzubrauchen.

Übernachten in feindseliger Umgebung

Wenn man in einer gefährlichen Gegend übernachten muß, ist es besser, im Dorf zu bleiben. Oder aber man sucht sich einen Platz weit weg von der Straße, wo man nicht leicht entdeckt wird. Die gleichen Leute, die euch in der Wildnis vielleicht angreifen würden, sind möglicherweise durch ihr Ehrgefühl dazu verpflichtet, euch und eure Sachen zu beschützen, solange ihr bei ihnen im Dorf wohnt (Ein Sprichwort sagt: „Am sichersten ist es im Löwenmaul."). Breitet eure Sachen aber nicht vor aller Augen aus. Man sollte niemanden in Versuchung führen, der selbst wenig besitzt. Wer sein Messer auf einem Stein liegenläßt, ist selbst schuld, wenn es verschwindet.

Waffen

Eine lange, scharfe Machete kann auch als Waffe dienen. Als ich einmal durch eine Gegend, die von Löwen durchstreift wurde, ritt, hatte ich zusätzlich ein Gewehr mit Leuchtkugeln dabei, denn Löwen mögen Pferdefleisch. Ich habe es aber nie gebraucht.

Feuerwaffen nehme ich aus verschiedenen praktischen Gründen nie mit: Passiert man mehrere internationale Grenzen, bekommt man mit einem Gewehr viel Ärger mit der Bürokratie. Und gerade im Ernstfall ist es nur selten gleich bei der Hand, sondern irgendwo verstaut. Wird man dann aber wirklich von Banditen angegriffen und die sehen, daß man ein Gewehr bei sich hat, so werden sie genau das um jeden Preis haben wollen. Das Leben ist kaum was wert, Gewehre aber viel!

Sepik-Krieger

Menschenfresser

Die Wahrscheinlichkeit, von Kannibalen angegriffen zu werden, ist sehr gering. Ich bin mehrere Male auf welche gestoßen, habe mich aber noch nie von ihnen bedroht gefühlt. In bestimmten Gebieten des Kongo-Dschungels kann man sie an ihren zugefeilten Zähnen erkennen. Einige hatten Zähne wie Haie, andere waren zu doppelten Spitzen zugefeilt.

Für kannibalistische Praktiken gibt es verschiedene Gründe: Der Stamm der Fang in Gabon und die Kukukuku in Papua-Neuguinea brauchen die Proteine – es ist leicht erhältliches Fleisch. Bei anderen Stämmen glaubt man, daß sich die Kraft des Opfers auf einen überträgt. Die Tugeri und andere Stämme führen das Ritual anläßlich einer Art Kindstaufe durch. Die Fore in Papua-Neuguinea taten es aus Liebe, denn sie konnten die Seelen der Verwandten nur befreien, wenn sie das verwesende Fleisch der Verstorbenen verzehrten. Sie glaubten, daß die Seelen für ewig in die Hölle verdammt wären, wenn das Ritual nicht vollzogen wird. Unglücklicherweise waren die Körper der Fore oft von der Kuru-Krankheit (Lachender Tod) infiziert, einer tödlichen Krankheit, die nur durch Menschen übertragen wird. Daß diese Krankheit immer noch hin und wieder auftaucht, zeigt, daß sich alte Sitten hartnäckig halten.

Probleme in der Stadt

In größeren Städten ist die Kriminalität höher als in kleinen. Es hängt viel vom eigenen Verhalten ab, ob man davon betroffen wird. Man sollte z. B. nicht alleine durch dunkle Gassen gehen – vor allem nicht am Zahltag. Geld und den Paß schnallt man in einem Gürtel um den Körper, damit Taschenräuber erst gar keine Chance haben. In manchen Teilen Afrikas gibt es den nächtlichen Volkssport, sich mit einem Bambusstab und den daran befestigten

Haken durchs offene Fenster in die Zimmer zu angeln. Den Bambusstab sollte man besser nicht festhalten, da er gelegentlich mit Rasierklingen gespikt ist.

Ich denke bei meinen Reisen immer, daß es sicherer wird, je weiter ich in den Busch komme. Der Sittenkodex ist auf dem Land generell strenger.

Als ich mich in Neuguinea im Bezirk Sepik aufhielt, ging alles gut, bis ich die kleine Stadt Pagwi erreichte, wo mir mein Boot gestohlen wurde. Es war zwar nur ein einfaches Paddelboot, aber es war mein Transportmittel, auf das ich angewiesen war, und ich mußte es zurückbekommen. Mit der Hilfe von Beamten aus Pagwi und einigen Eingeborenen bekam ich es zurück, doch ein paar Tage später war es wieder weg, und ich saß gerade für eine Woche unter Spionageverdacht im Gefängnis. Nachdem ich es auch dieses Mal wieder zurückbekommen hatte, paddelte ich einen kleinen Fluß zu einem Bergsee hinauf. Dort wurde das Boot zum dritten Mal gestohlen. Ein paar Fischer erzählten mir, daß ein Mann damit zur anderen Seite des Sees gepaddelt sei. Der Dorfälteste bot mir seine Hilfe an. Er stieg auf den Berg und rief mit voller Lautstärke: Alle mal herhören! Wer Christinas Boot genommen hat, soll es sofort wieder zurückbringen. – Ich bekam es am gleichen Tag zurück.

In einer anderen kleinen Stadt namens Ambunti fragte ich den Regierungsbeamten, mit welcher Form von Kriminalität er in seinem Distrikt am meisten zu kämpfen hätte. Er antwortete mir, daß es sich in erster Linie um Beleidigung, dem Verbreiten von Gerüchten, Schwarzmagie und Hexerei handle. Das Gefängnis bestand aus einigen wenigen Hütten mit einem kleinen Zaun drumherum. Ich erkundigte mich, ob nicht viele Gefangene ausbrechen würden und bekam zur Antwort, daß es nie jemand versuche. Dann aber bemerkte ich einige neue Zaunpfähle und fragte: „Warum wird dann aber ein neuer Zaun gebaut?"

„Oh, die Gefangenen bekommen zuviel Besuch. Der neue Zaun soll die Gäste abhalten."

Im Gebiet der Straßenräuber

Banditen sind oft nur eine Gruppe von Männern, denen sich die Gelegenheit, etwas zu erbeuten, anbietet. In manchen abgelegenen Gegenden ist es für eine Frau weniger gefährlich zu reisen als für einen fremden Mann, der für das Territorium eine Bedrohung darstellen könnte. Frauen müssen auf der anderen Seite gelegentlich mit verliebten Burschen fertig werden. Meine Methode, mich gegen beide Arten von Wegelagerern zu wehren, gegen den gewinnsüchtigen sowie den liebeshungrigen, sind ähnlich und basieren auf Superbluff. Man muß auf jede erdenkliche Art und Weise versuchen, sein Gegenüber aus der Fassung zu bringen, und dabei fortwährend reden. Versucht nicht zu kämpfen, und werdet auf keinen Fall gewalttätig: Gewalt erzeugt wiederum Gewalt.

Wenn ich zu Fuß unterwegs bin und mit zwielichtigen Gestalten zusammentreffe, setze ich eine Mischung aus Höflichkeit und beabsichtigtem Mißverständnis ein – z. B. schüttele ich allen die Hand und sage, wie sehr ich mich freue, sie zu treffen, und ob sie mir nicht helfen wollen, Feuer zu machen. Während ich mit ihnen rede, versuche ich ihre Namen auszuschnappen und möglichst noch herauszufinden, woher sie kommen. Wenn ich einmal ihre Namen weiß, dann bin ich ziemlich in Sicherheit. Ich warne sie, daß es unklug wäre, mich auszurauben, da ich es dem Dorfoberhaupt melden würde. Manchmal erzähle ich auch, daß mein Ehemann ein großer, eifersüchtiger Polizist sei und daß er in der nächsten Stadt auf mich warte. Es kann auch nützlich sein, die Namen von örtlichen Autoritätspersonen oder vom Präsidenten zu erwähnen. Ich habe sogar schon die Königin Elizabeth bemüht!

Überrumpelung ist das Wesentliche bei der Selbstverteidigung. In Südafrika lag ich einmal, nachdem ich mit meinem Pferd einen Fluß durchschwommen hatte, zum Trocknen in der Sonne. Meine Satteltaschen waren halb in eine Plastikplane gewickelt. Ein Mann von einem Stamm in der Nähe hatte uns gesehen und schwamm uns nach. Er erreichte unser Ufer und rannte nackt und aufgeregt schreiend auf mich zu. Als er mich packen wollte, hatte ich bereits die Plastikplane ergriffen, hielt sie wie eine Barriere zwischen mir und ihm aufgespannt und sagte zu ihm: „Hier, falte die mal zusammen!" Er zögerte, da er mich durch die Plane nicht greifen konnte, und ich sagte wieder: „Falt sie zusammen!" und gab ihm einen Zipfel. Zu meinem Erstaunen begann er, sie zusammenzufalten. Ich suchte in aller Eile noch einige Sachen für ihn zum Zusammenfalten, und sattelte schnell das Pferd. Dann brachte ich ihn sogar noch dazu, mir zu helfen, die Satteltaschen aufzuladen, nur indem ich in in demselben Befehlston herumkommandierte.

Aber dann packte er mich doch und hielt mich mit beiden Armen fest umschlossen. Dabei sagte er immer wieder irgend etwas, und der Speichel lief ihm das Kinn herab.

Zum Glück stiftete das Pferd Verwirrung, indem es ein paar Schritte weiterlief. Ich sagte ganz dringlich: „Mein Pferd läuft weg, ich muß mein Pferd fangen!" und beharrte so lange darauf, bis er mich losließ. Egal, wie blödsinnig der Grund ist, ihr müßt ihn nur überzeugend genug bringen. Als ich das Pferd eingefangen hatte, sprang ich in den Sattel und galoppierte davon.

In Eingeborenengegenden kann man potentielle Angreifer manchmal auch damit erschrecken, daß man vorgibt, ein Ahnengeist oder Gespenst zu sein. Einfache Leute lassen sich leicht einen Spuk vormachen. Pfeift und lacht und gebt vor, verrückt zu sein. Es erschreckt die Leute. Als ich mit meiner Begleiterin Lesley den Kongo hinuntergepaddelt bin, unterliefen wir die Annäherungsversuche hitziger junger Männer, indem wir in völligem Gleichklang miteinander paddelten und dabei gerade vor uns hinstarrten und Klagelieder sangen.

Trotz meiner wiederholten Begegnungen mit Räubern und Halunken bin ich noch nie körperlich verletzt worden, auch bin ich noch nie total ausgeraubt worden. Zweimal wurde ich so böse, daß man mir meine gestohlenen Sachen wieder zurückgab!

Im Gefängnis

In der dritten Welt eingesperrt zu werden kann schlimm ausgehen, vor allem, wenn es dort keine Botschaft des Heimatlandes gibt. Entrüstung kann wirksam sein, solange sie nicht beleidigend ist. Man sollte keine Wörter wie beispielsweise „lächerlich" benützen, sie können Leute unsinnig wütend machen. Im Orient ist es sehr wichtig, daß man niemanden, selbst den kleinsten Angestellten nicht, in eine Lage bringt, in der er sein Gesicht verliert. Auch hier kann es hilfreich sein, vorsichtig den einen oder anderen Namen von wichtigen Leuten in der Justiz zu erwähnen. Den Namen des Präsidenten sollte man unbedingt kennen. Wenn gar nichts funktioniert, gebe ich mich völlig apathisch, bis man mich laufen läßt.

Als Spion verhaftet

In Ländern der dritten Welt kann jeder ein Spion sein, der zur falschen Zeit am falschen Ort ist. Viele Leute haben gar keine klare Vorstellung davon, was ein Spion ist, aber sie werden als Helden gefeiert, wenn sie einen Verdächtigen festnehmen.

Versucht herauszufinden, wen es von eurer Harmlosigkeit zu überzeugen gilt. Gebt euch generell gut gelaunt, förmlich und höflich. Wegen ein paar Angebern sollte man nicht gleich alle ablehnen, denn wer sitzt braucht Freunde. Manchmal hilft es, einen wichtigen Grund anzugeben, z. B., daß der Vater schwer krank ist und man deshalb schnellstens weiter muß.

Im Kongo kamen Lesley und ich mit unserem Boot nach Brazzaville. Dort versuchte man, uns als Spione zu verhaften. Sie konnten nicht begreifen, daß wir einfach Touristen waren, und ich verstand das Französisch des Beamten kaum, so daß ich nicht recht wußte, was vorging. Mitten in den Verhandlungen sagte ich einfach: „Kommen Sie, sehen Sie, daß wir Touristen sind, sehen

Sie sich unser Boot an!" Mir war klar, daß unser Boot für sie recht fremdartig aussehen mußte, da sie so eines wahrscheinlich noch nie gesehen hatten. Dann marschierte ich auf die Tür los. Soldaten kamen auf mich zu und packten mich, aber als ich wiederholte: „Kommen Sie, sehen Sie sich das Boot an!" kamen sie einfach mit. Wir marschierten alle zusammen runter zum Dock, wo Lesley und ich unser Kanu an ein großes Boot angebunden hatten. Das war aber nicht mehr da, und von unserem war auch keine Spur mehr zu sehen. Es wurde an einer öffentlichen Bootsanlegestelle wieder gefunden, und wir zogen noch am selben Tag weiter.

Stadtgefängnisse sind schlimm. Im Busch verhaftet zu werden ist nicht ganz so schlimm. Ich bin zweimal festgehalten worden, jeweils eine Woche lang; dann wurde ich unverletzt wieder freigelassen.

Bestechungsgelder

Manche Länder sind besonders korrupt. (Ich brauche keine Namen zu nennen, wenn man dort ist, merkt man es schnell.) Polizei oder Militär können Autos oder Passanten anhalten, um die Papiere zu kontrollieren. Auf dem Land verlange ich immer, zuerst ihre eigenen Papiere zu sehen, und schreibe mir ihre Ausweisnummern auf. Damit verderbe ich ihnen das Spielchen. In der Stadt bezahlen manche Leute Bestechungsgelder, indem sie zusammengefaltete Geldscheine in Paß oder Führerschein legen. Das entspricht in etwa einem Trinkgeld bei uns. Man sollte sich im voraus nach der üblichen Summe erkundigen. Um die Weihnachtszeit ist die Nachfrage besonders groß.

Ich selbst zahle selten Schmiergelder – da muß ich schon in tiefen Schwierigkeiten stecken –, weil es die Habgier fördert und die moralischen Werte korrumpiert. Ich bin auf meinen Reisen nie in großer Eile. Wenn ich an einer Straßensperre von der Polizei angehalten werde, nütze ich die Zeit, in der sie meine Papiere überprüfen, mit Blumenpressen, Briefeschreiben, oder ich repariere etwas. Ich bin immer höflich und hilfreich, wenn mir irgendwelche Fragen gestellt werden (wenn ich auch nicht immer ganz bei der Wahrheit bleibe), und gebe meinen Paß nie länger aus der Hand als unbedingt notwendig. Wichtig ist, daß die Daten in den Papieren gültig sind, sonst kann es Ärger geben.

Wilde Tiere

Schwierigkeiten mit wilden Tieren sind selten. Es ist bekannt, daß bestimmte Arten, z. B. Wildschweine, Büffel oder Bären, aggressiv sind, die meisten Tiere jedoch laufen von sich aus weg. Manche Tiere greifen nur an, wenn sie sich bedroht oder in die Enge getrieben fühlen, wenn sie ihre Jungen schützen wollen, oder aber sie sind tollwütig.

Wer zu Fuß unterwegs ist sollte nicht wegrennen, sonst wird er vielleicht aus reinem Vergnügen gejagt. Am besten entfernt man sich, ohne Angst zu zeigen. Wenn ein Tier aus Versehen in die Enge getrieben wurde, muß man ihm eine Möglichkeit zu fliehen geben. Löwen sind keine Menschenfresser, außer sie sind schon mal auf den Geschmack gekommen. Sie bevorzugen Zebras, Rehe oder Pferde. Einmal stand ein Leopard vor mir auf dem Weg und peitschte zornig mit dem Schwanz. Ich ging vorsichtig zurück, immer den Schwanz im Blick, nicht seine Augen, damit er die Angst in meinen nicht sah, und zeigte meinen Zorn, indem ich während des Rückzugs mit den Füßen stampfte und versuchte, groß und mächtig zu wirken. Sobald ich außer Sicht war, rannte ich davon. Dabei verlor ich die Richtung, und ich brauchte ewig, bis ich zu dem Platz zurückgefunden hatte.

War ich zu Fuß unterwegs, floh ich vor den Wildschweinen auf einen Baum. In Gegenden mit vielen Bären tragen Wanderer oft kleine Bärenglocken, die beim Gehen läuten. So werden die Bären gewarnt, die denselben Pfad benützen. Ich bin nur einmal ernsthaft angegriffen worden, und zwar von einem Schakal. Der Angriff schien unbegründet, aber der Schakal mußte zweifellos einen Anlaß gehabt haben.

Verirren

Vorsichtig, wenn ihr Leute nach dem Weg fragt! Stellt ihr gar die Frage: „Geht es hier nach X?" bekommt ihr vielleicht ein „Ja" als Antwort, aber nur, weil die Leute es unhöflich finden zu widersprechen. Auch benennen Einheimische manchen Ort anders als Europäer und anders, als es auf der Karte steht. Ein Zulu-Dorf, das „Loch in der Wand" genannt wird, wurde dort „Hluhluka" geschrieben und „Schlschleker" ausgesprochen.

Wenn man sich im Dschungel verirrt und keinen Kompaß hat, markiert man den Weg, indem man grüne Zweige abbricht und auf den Weg legt. So kann man vermeiden, ständig im Kreis zu gehen.

Auch im offenen Land ist es schwer, in gerader Linie zu gehen, wenn man sich nicht ein Merkmal wählt, auf das man zugeht. Bevor ihr dieses erreicht, sucht ein entfernteres in der gleichen Richtung.

Selbst ein zerbrochener Kompaß ist brauchbar. Legt die Nadel in einer Wassertasse auf ein kleines Blatt oder einen Holzsplitter, und sie müßte noch immer nach Norden zeigen.

Auch mit Hilfe einer Uhr könnt ihr ungefähr die Himmelsrichtungen ausmachen, indem ihr die Zeit mit den natürlichen, durch Sonnenlicht erzeugten Schatten in Verbindung bringt. Legt dabei die Uhr flach hin und dreht so lange, bis der Stundenzeiger mit der Schattenlinie übereinstimmt. Mittags zeigt der Schatten in der nördlichen Hemisphäre nach Norden. Zu jeder anderen Tageszeit liegt Norden genau zwischen der Schattenlinie und der 6 auf dem Ziffernblatt.

Eine andere Methode ist, sich nach Moos und Flechten zu

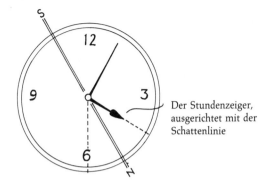

Der Stundenzeiger,
ausgerichtet mit der
Schattenlinie

richten. Diese Pflanzen wachsen nämlich in der Richtung, aus der
die feuchtigkeitsspendenden Winde kommen.

Sollen nachts die Sterne den Weg weisen, so müßt ihr in der
nördlichen Hemisphäre zuerst nach dem Polarstern suchen, der 1°
neben dem absoluten Norden liegt. Er ändert seine Position die
ganze Nacht nicht, weil er auf der Erdachse liegt. Wenn der
Polarstern nicht sichtbar ist, sucht den „Großen Wagen" (ursus
major, volkstümlich auch „Großer Bär" genannt) und rechnet aus,
wo der Polarstern am Himmel gestanden haben muß, als die
hintere Achse des „Wagens" vertikal stand. Genau dort ist
nämlich Norden.

In der südlichen Hemisphäre benützt man das Kreuz des Südens als Orientierungspunkt. In der tropischen Äquatorialzone markieren Orion und Antare den Osten bzw. den Westen.

Als Lesley und ich mit unseren Pferden in Westafrika unterwegs waren, hatten wir weder Kompaß noch Landkarte bei uns, und wir ritten immer gerade dahin, wo es uns am schönsten und interessantesten erschien. Mir kam irgendwann mal in den Sinn, daß wir eigentlich die ganze Zeit über verirrt waren. Aber wenn wir gewußt hätten, wo wir uns die ganze Zeit über befanden, hätte uns das auch nichts genutzt. ImLaufe der letzten Jahre wurde mir immer klarer, daß man gar nicht vom Weg abkommen kann, wenn man kein festgelegtes Ziel hat. Wirklich verirrt hat man sich nur, wenn man einen bestimmten Ort nicht findet oder ihn zu einer ganz bestimmten Zeit nicht finden kann.

5. Wie man sich bettet, so liegt man

Der Lagerplatz

Wer einen Lagerplatz sucht, muß sich zuerst überlegen, welche Bedingungen der erfüllen muß. Was ist am wichtigsten: frisches Wasser, Brennholz, Schutz gegen Wind und Regen, Ruhe vor Insekten oder einfach ein wirklich schönes Plätzchen?

Die Prioritäten richten sich in erster Linie nach eurer Transportart. Es ist praktisch, frisches Wasser in der Nähe zu haben, doch in der Nähe von Tümpeln mit stehendem Wasser werden euch die Mücken zu schaffen machen. Flußaufwärts von Bauernhöfen und Dörfern ist es günstiger, flußabwärts ist das Wasser verschmutzt. Täler sind meist nachts kalt und morgens neblig, während höhergelegene Stellen schon früh Sonne abbekommen.

Wenn es gilt, Mücken und Insekten zu vermeiden, dann schlagt das Lager möglichst hoch und dem Wind ausgesetzt auf. Ungeeignet sind sumpfige Gegenden und Stellen mit langem feuchtem Gras. Trauerweiden deuten auf Insekten und kühle Nebel hin.

Eine gemütliche Mulde wird im Falle von Regen zu einer Pfütze. Sucht euch vor allem in Zeiten, in denen es viel regnet, einen Platz mit natürlichem Abfluß und prüft, aus welcher Richtung der Regen kommt. (Moos und Flechten wachsen an Bäumen und Steinen auf der Wetterseite.) Vielleicht gibt es auch einen natürlichen Schirm aus Blättern, vermeidet aber die unmittelbare Nähe großer Bäume, wenn es nach Gewitter aussieht. Eschen sagt man nach, daß sie den Blitz anziehen, und es ist bewiesen, daß der Saft in den Kapillaren von Ulme, Eiche und Pappel bei Blitzschlag sich so ausdehnt, daß der Baum leicht explodieren kann.

Auch ist es unklug, bei Gewitter unter einem Felsvorsprung zu bleiben, da nasse Felsen wegen ihrer elektrischen Leitfähigkeit ähnlich gefährlich sind wie Metall.

In tropischen und gebirgigen Gegenden besteht darüber hinaus noch die Gefahr von Sturzflüssen. Trockene Flußbetten sind zum Campen sehr verlockend. Ich selbst habe, angezogen durch ein Rinnsal und das saftige Gras fürs Pferd, schon oft in einem übernachtet.

An einem Morgen blieb ich nach dem Aufwachen noch verschlafen liegen, und während ich so vor mich hindöste, betrachtete ich die Wolken, die sich gerade über dem Gebirge oberhalb von mir ergossen, und ich genoß es, hier im Trockenen zu liegen. Plötzlich schoß es mir durch den Kopf, daß ein Sturzfluß genau da herunterdonnern würde, wo ich lag. So schnell wie damals habe ich nie wieder ein Lager abgebaut. Stürzflüsse geben keine Vorwarnung. Man hört ein Getöse, und im nächsten Moment bricht die Flut über einen herein. Als ich mich in Sicherheit gebracht hatte, schaute ich von oberhalb des Ufers zu, was passieren würde. Die Luft war voll vom Zirpen der Zikaden. Mein Pferd wurde unruhig und richtete seine Ohren auf ein Geräusch, das ich nicht wahrnehmen konnte. Dann hörte ich ein Dröhnen, und im gleichen Moment stürzte eine schäumende Wasserwand das Flußbett herab. Es fiel mir nicht mehr schwer zu glauben, daß Sturzflüsse Bäume, Brücken und Autos wegspülen können.

Ist nun ein Lagerplatz ausgemacht, richtet man die Feuerstelle und den Schlafplatz ein. Die Feuerstelle muß so weit von dürrem Gras und Unterholz entfernt sein, daß auch sprühende Funken keine Gefahr bieten. Das Feuer nie in der Windrichtung zu einem guten Sitzplatz machen! Es gibt ein schönes Lied vom Rauch in den Augen, aber ist man selbst betroffen, ist es kein Vergnügen.

Schutzdach

Bei schlechtem Wetter bieten umgefallene Bäume, Felsen und alles, was Windschatten erzeugt, einen Schutz.

Am einfachsten baut man sich einen Unterschlupf mit einer Plastikplane, die man zwischen einem umgefallenen Baum und dem Boden aufspannt und mit schweren Steinen befestigt. Ebenso simpel kann man eine Art Giebelzelt aufbauen, indem man die Plane über eine gespannte Leine oder einen höhergelegenen Stock hängt und sie mit Gewichten am Boden befestigt. Für die Befestigung auf einer Seite findet sich fast überall ein Baum oder ein Felsen. Wenn es für die zweite Seite keinen brauchbaren Baum in der Nähe gibt, kreuzt ihr zwei Pfähle und bindet sie oben zusammen. Sie werden nicht umstürzen, wenn die Leine um sie herumgewickelt und in gerader Linie und in einiger Entfernung dahinter verankert wird. Wenn gar nichts Stabiles zu finden ist, an dem ihr euer Schutzdach befestigen könnt, baut euch aus zusammengebundenen Stöcken ein Bockgestell oder ein Gerüst in Zeltform zusammen.

Als Material zum Verschnüren kann man Schlingpflanzen oder Streifen aus der Unterrinde eines Baumes verwenden. Zum Zusammenbinden der Stöcke eignen sich auch Farne, Gräser,

Kletterpflanzen oder abgeschabte Fasern von einem frischen grünen Zweig.

Ohne Plastikplane (oder eine Reservedecke) kann man sich eine Art Giebeldach oder eine schützende Schräge aus Laubzweigen bauen, die den Regen auch abhalten. Zum Abdecken der Seiten braucht ihr mehrere Stöcke, die ihr mit dem einen Ende in den Boden rammt und sie oben an der Querstange festbindet. Dann webt ihr Zweige mit Blättern durch sie hindurch. Jede Art von Blattwerk eignet sich dafür, wobei große Blätter natürlich effektiver sind. Wenn das Dach leckt und ihr vorhabt, länger zu bleiben, lohnt es sich vielleicht, die Oberseite mit Lehm zu bedecken. Keinen Matsch verwenden, sondern wirklich nur Lehm, da sich Matsch nach meiner Erfahrung auflöst, wenn es stark regnet.

Für einen mehrtägigen Aufenthalt könnt ihr auch (und es ist nicht mehr Aufwand, als ein Zelt zu errichten) drei oder vier junge, elastische Bäumchen an den Wipfeln zusammenbinden. Schnürt sie oben fest zusammen, webt ihre Zweige ineinander und fügt dann noch extra Zweige hinzu. Die Spitze ist zumeist regendicht, während das Laub an den Seiten dünner ist und den kühlenden Wind durchläßt. Kappt die Leine, wenn ihr weiterzieht, damit die Bäumchen wieder in ihre ursprüngliche Form zurückschnellen können.

Der Schlafplatz

Im Sand kann man herrlich schlafen. Räkelt euch hinein, bis er sich eurem Körper anpaßt. Oder bettet euch auf Heidekraut, das gibt nach und riecht süß. Bequeme Matratzen kann man sich auch aus Farn, Ginster, immergrünen Zweigen, trockenem Gras und Moos oder aus verschiedenen Arten elastischer Laubzweige herstellen. Die von Menschenhand angefertigten Alternativen, die eine erholsame Nachtruhe gewährleisten sollen, sind entweder die leicht aufrollbaren, dichten Schaumstoffmatten oder die von mir bevorzugte Nylonhängematte sowie ein Schlafsack (wichtig für alle Camper, auch in den Tropen!) oder eine Über-Super-Isolations-Rettungsdecke. Das Für und Wider dieser Ausrüstungsgegenstände habe ich im Kapitel 2 detailliert aufgelistet.

Ich persönlich bevorzuge einen Schlafsack, den man mit einem Reißverschluß ganz öffnen kann, weil ich ihn auch als wärmenden Überwurf benutzen kann. (Es gibt mehrere afrikanische Stämme, die auch tagsüber Decken tragen.) Ich verwende meinen Schlafsack wirklich sehr vielseitig. Mit seiner Hilfe gelang es mir sogar einmal, ein Pferd zu retten, als es im tiefen Schlamm steckte und keinen Halt mehr fand. Ich brachte meine Satteltaschen auf trockenes Land und breitete den Schlafsack vor dem Pferd auf dem Schlamm aus. Das Pferd kämpfte sich vorwärts, und mein Schlafsack versank im Morast. Aber er gab den Hufen immerhin genug Halt, daß sich das Pferd an trockenes Land vorkämpfen konnte. Während es trocknete und sich ausruhte, ging ich zurück zum Sumpf (die Pferdelonge dieses Mal fest in der Hand, damit es mich, wenn nötig, rausziehen konnte) und wühlte im Dreck, bis ich den Schlafsack fand. Ein so vielseitiger Ausrüstungsgegenstand verdient, gerettet zu werden.

Tippelbrüder kennen die exzellente Isolierfähigkeit von alten Zeitungen. Man knüllt sie lose zusammen und stopft sie in den Schlafsack. Wenn ihr keinen Schlafsack habt, dann stopft das zerknüllte Zeitungspapier in die Kleider (die dürfen natürlich nicht allzu eng sein) und deckt einige Lagen Papier über euch. Oder verwendet trockenes Gras, Farn oder dürres Laub in gleicher Weise. Wenn ihr vor Kälte aufwacht und schlottert, dann laßt das Schlottern zu, auch das wärmt. Oder macht vorsichtig Gymnastik, aber keine anstrengenden Übungen, denn sonst wird euch noch kälter, weil es anstrengend ist und der Schweiß euch noch mehr abkühlt. Ich habe meinen Schlafsack mehrmals verloren, und einmal vergaß ich ihn schlichtweg, ausgerechnet damals, als es auf 3000 m Höhe ging. In der Nacht wurde es verflixt kalt, aber ich lag gemütlich warm: Ich hatte einen ganzen Berg trockenes Gras über mich gehäuft und im Feuer erhitzte Steine um mich gelegt.

Ob mit oder ohne Schlafsack, der wärmste Platz, um draußen zu schlafen, ist immer die heiße Erde, auf der das Feuer gebrannt hat. Man schiebt das Feuer einfach einen Meter weit zur Seite. (So kann man nachts, ohne aufzustehen, Holz nachlegen und morgens das Feuer zum Kaffeekochen bequem wieder entfachen.) Die Stelle, wo das Feuer zunächst brannte, muß eine halbe Stunde auskühlen, bevor man sich hinlegen kann, und wenn es dann noch immer zu heiß ist, deckt man eine dicke Schicht Erde oder Sand darüber. Die Erde hält die Wärme die ganze Nacht hindurch.

Lagerabbruch

Wenn Ihr das Lager abbrecht, solltet Ihr dafür sorgen, daß der Platz aufgeräumt und wieder in Ordnung gebracht wird. Zerbrochenes Glas und scharfe Blechbüchsen sind für Tiere gefährlich. Abfall ist häßlich, und es ist absolut unnötig, ihn einfach liegen zu lassen. Verbrennt oder vergrabt den Müll.

Ihr müßt ganz sicher sein, daß das Feuer wirklich aus ist. Glut kann sich noch stundenlang halten, und ein heftiger Wind könnte wieder Flammen auflodern lassen. Um es völlig zu zerstören, müßt ihr die Feuerstelle auseinanderziehen, das Feuer ausschlagen oder ausstampfen und dann Wasser darübergießen. Bedeckt die Stelle zum Schluß vollständig mit Erde oder Sand.

6. Trinkwasser und ähnliches

Wasser ist nicht einfach etwas, was aus dem Wasserhahn kommt, es ist für uns Menschen das wichtigste zum Überleben. Ein Erwachsener muß am Tag in gemäßigtem Klima durchschnittlich drei Liter und in den Tropen etwa sechs Liter Flüssigkeit zu sich nehmen. Bei harter körperlicher Arbeit braucht der Körper zusätzlich etwa einen halben Liter pro Arbeitsstunde. Die notwendige Flüssigkeit ist in einigen Nahrungsmitteln enthalten, die wir essen, den Rest müssen wir trinken. Wassermangel verursacht Durst, Dehydration, Verstopfung, Müdigkeit, Schwindelgefühl usw. Auf Reisen kommt es leicht zu Dehydration. Versucht deshalb immer bewußt, viel zu trinken, wenn ihr gerade Wasser zur Verfügung habt.

Wir Menschen schätzen das, was wir haben, zumeist erst dann, wenn es knapp wird. Der Durst in der Wüste ist z. T. körperlicher Natur, z. T. aber entspringt er auch der Angst. Beides zusammen wird zur Qual und mündet leicht in Panik. Unter diesen Umständen kann es lebensnotwendig sein, sich ein diszipliniertes Trinkverhalten anzueignen. Übt, nie zu trinken, während ihr unterwegs seid – nicht einen Tropfen! Trinkt nur abends, nachdem ihr das Lager errichtet habt. Es dauert mehrere Wochen, bis man sich daran gewöhnt hat.

Jeder Expeditionsteilnehmer sollte seine eigene Wasserflasche haben. Die Flaschen sollten mit Fell oder Stoff bezogen sein; wenn man sie außen anfeuchtet, bleibt der Inhalt kühl. In Afrika kann man gegerbte Kuh-, Schafs- oder Ziegenhautschläuche kaufen. Sie werden (wie Wasserbehälter aus Leinen) während der Fahrt außerhalb des Fahrzeugs aufgehängt. Der Inhalt wird durch das allmähliche Abgeben der Flüssigkeit nach außen und das Verdun-

Wüstendurst

sten im Fahrtwind gekühlt. Leinensäcke verlieren etwa 20 % des Inhalts durch Verdunsten.

Wüstennomaden lutschen oft kleine Kieselsteine, um den Speichelfluß anzuregen. In einem Stamm in Nordkenia werden „Lutschsteine" als wertgeschätzte Objekte von der Mutter an die Tochter vererbt.

Je mehr ihr trinkt, um so mehr schwitzt ihr. Die Turkmenen beschmieren ihren Körper mit einem Gemisch aus Ocker und Tiertalg, um dem Wasserverlust durch Schwitzen vorzubeugen. Turkmenen brauchen wenig Wasser: Sie trinken Kamelmilch, haben keine Kleider, die sie waschen müssen, und ihre Ockerbemalung entspricht dem Bad bei uns.

Wie man Wasser findet

Lauscht in trockenen, felsigen Flußbetten nach dem Geräusch von tropfendem Wasser zwischen den Steinen. Achtet in der Savanne darauf, wo die Vegetation dichter und grüner ist, und darauf, wo mehrere Bäume in einer Reihe stehen. Das könnte auf einen Wasserlauf deuten. In der Wüste hält man bekanntlich nach Palmengruppen Ausschau. Auch Vögel zeigen Wasser an. Im Dickicht führen Tierspuren oft zu Wasserstellen, aber es ist nicht leicht, ihnen zu folgen. Paßt auf, daß ihr euch nicht verlauft! Im Tiefland kann man in trockenen Flußbetten unterhalb der obersten Sandschicht auf Wasser stoßen. Grabt und schaut nach, ob der Sand feucht wird. Wenn das der Fall ist, so müßt ihr noch ein bißchen tiefer graben und warten, daß sich das Loch mit Wasser füllt. In der Steppe war ich auf diese Methode angewiesen und mußte mitunter bis zu einem Meter tief graben. Das Wasser wird durch den Sand sauber gefiltert, es ist erfrischend kühl und schmeckt sehr gut.

Müßt ihr ohne Spaten graben, so verwendet einen spitzen Stock; stoßt damit den Boden locker und schaufelt ihn dann mit den Händen weg.

In der Wüste sind Brunnen oft mit einem Stein bedeckt, damit sie nicht mit Treibsand verstopft werden. Legt den Stein, nachdem ihr Wasser entnommen habt, wieder genau an seinen Platz zurück! Die wenigsten Brunnen sind mit Leine und Eimer ausgestattet. Es ist sehr qualvoll, das Wasser zu sehen, es aber nicht erreichen zu können. Die Einheimischen verwenden als Eimer oft ein an einem Ring befestigtes Stück Tierhaut.

In der Sahara gibt es Brunnen, die über 30 m tief sind. Wenn man da hineinschaut, ist es, als sähe man am Ende eines langen Tunnels ein Stückchen Himmel.

Wie man gutes von schlechtem Wasser unterscheidet

Quellwasser und Wasser aus tiefen Brunnen ist generell sauber. Schnell fließende Gewässer und solche, die zwar langsam fließen, aber tief sind (das Wasser hier der Mitte entnehmen, nicht der Ufernähe!), sind zumeist auch sauber, es sei denn unterhalb von Höfen oder Siedlungen. Nehmt das Wasser immer von oberhalb eines Dorfes oder einer Farm und vergeßt nicht, daß chemische Spritzmittel, die in der Landwirtschaft verwendet werden, das Wasser vergiften können.

Tümpel in der Nähe von Siedlungen mit Vieh sind nicht zu empfehlen. Nach heftigen Regengüssen ist das Wasser allerdings weniger verdreckt als sonst.

Regenwasser ist von sich aus sauber. Stehendes Gewässer natürlich nicht. Sumpfiges Wasser ist nicht unbedingt stehendes Wasser. Es kann sich bei einer nicht wahrnehmbaren Fließgeschwindigkeit reinigen, und solange keine Abwässer eingeleitet werden, ist es vielleicht sogar genießbar.

Die Farbe des Wassers hat nicht unbedingt etwas mit der Qualität zu tun. Es kann sein, daß es durch Pflanzen oder Mineralien gefärbt ist. Trinkwasser ist zuweilen weiß, gelb, schwarz, rot, braun, es ist trübe oder auch klar. In Afrika lernte ich neben sumpfigen Wäldern auch Regionen mit sprudelnden Bächen und Flüssen kennen, deren frisches, prickelndes Wasser in der Sonne bernsteinfarben bis rötlich und im Schatten wie Coca-Cola schimmerte. Es war wunderbares Trinkwasser.

Schlickwasser ist nicht notwendigerweise ungenießbar. Wenn ihr ein Gefäß mit Schlickwasser füllt und es dreißig Minuten lang stehen laßt, setzt sich der Schlick auf dem Boden ab.

Wasser zu filtern bedeutet noch nicht, daß es dadurch schon genießbar wird. Der Filter nimmt ihm nur die enthaltenen Partikel. Gießt das Wasser, um es zu filtern, durch ein Stück Stoff, oder baut euch einen Filter aus einem hohlen Ast (ein Stück dickes

Bambusrohr geht gut), das ihr mit Moos, Sand, Gras usw. vollstopft.

Wollt ihr die Oberfläche einer seichten Lache abschöpfen, ohne das Wasser aufzuwühlen, müßt ihr einen geeigneten Behälter improvisieren. Ihr könnt z. B. ein Blatt zu einer spitzen Tüte aufrollen oder das Wasser mit einem hohlen Grashalm, den ihr als Trinkhalm benützt, absaugen.

Eis und Schnee sind im allgemeinen sauber, aber wenn man Schnee ißt, wird man noch durstiger. Will man Schnee schmelzen, dann preßt man ihn so dicht wie möglich zusammen; loser Schnee braucht mehr Hitze zum Schmelzen. Eis schmilzt leichter als Schnee. Um Eis bis zu kochendem Wasser zu erhitzen, benötigt man aber immerhin etwa doppelt soviel Brennstoff wie zur Zubereitung von Nahrung. Der Schmelzprozeß wird beschleunigt, wenn man den Topf kippt. Von zuviel kaltem Wasser bekommt man leicht Magenkrämpfe. Trinkt auch kein Wasser, das direkt von einem Gletscher abgeschmolzen ist. Seine milchig trübe Farbe entsteht durch ganz feine, scharfe Steinpartikelchen, die die Magenschleimhaut irritieren und verletzen können. Abgesehen von den sehr teuren, professionell verwandten Filtern ist kaum einer fein genug für diese Partikel. Der beste Schutz ist, sie sich setzen zu lassen, was allerdings bis zu drei Tagen dauern kann.

In Nordamerika muß man auf der Hut vor Wasserlöchern sein, die nicht von Vegetation umgeben sind oder um die herum Tierknochen verstreut liegen. Das Wasser könnte zu alkalisch und deshalb giftig sein.

In Afrika lebt der Parasit Bilharzia in annähernd allen Gewässern, die unter 2000 Meter über dem Meeresspiegel liegen. Der Parasit ist ein mikroskopisch kleiner, flacher Wurm und wird von Flußschnecken beherbergt. Diese leben in langsam fließenden Bächen und Flüssen sowie in Gewässern, deren Tiefe weniger als einen halben Meter beträgt. Menschen können sich durch Trinken, Schwimmen und Durchwaten des Wassers infizieren. Bei meinen frühen Reisen wußte ich noch nichts über diesen Parasiten und wurde prompt krank. Der Wurm nistet sich normalerweise in der Leber ein, wo er irreparable Schäden anrichten kann. Aber die Symptome sind nicht klar, außer daß man sich müde und unwohl fühlt. Die Krankheit ist schwer zu erkennen und ebenso schwer zu heilen. In jüngster Zeit ist von Wissenschaftlern eine neue Untersuchung entwickelt worden; die ist aber sehr unangenehm. Versucht euch vor Bilharzia zu schützen, indem ihr euer Trinkwasser vorher entkeimt.

In Asien sollte man Wasser auf alle Fälle nur entkeimt trinken, da hier Hepatitis weit verbreitet ist. Die Gefahr einer Ansteckung ist sehr groß.

In Afrika gibt es auch Salzseen. (Sie enthalten Natrium.) Normalerweise ist das Wasser dieser Seen ungenießbar. Es brennt beim Schlucken in der Kehle und verursacht Brechreiz. In der Trockenzeit, wenn kaum frisches Wasser zufließt, ist der Natriumgehalt besonders hoch, während das Wasser in der Regenzeit oder wenn der Wasserspiegel aus anderen Gründen steigt, eher trinkbar ist.

Als ich am Rudolfsee, einem Salzsee, ankam, hatte ich eine wochenlange Wüstendurchquerung in Richtung Äthiopien hinter mir. Ich war eine hohe Sanddüne hinaufgestiegen und erblickte einen riesigen See; meilenweit nichts als funkelndes, jadegrünes Wasser, das sich bis zu einem purpurnen Horizont erstreckte, mit Inseln erloschener Vulkane, die hier und da über die Oberfläche ragten. Ich war überwältigt. Sanfte weiße Schaumwellen rollten über den Sand unter meinen Füßen. Ohne mir die Zeit zu nehmen, mich auszuziehen, tauchte ich ins Wasser. Es war unbeschreiblich schön. Mein Wüstenpony war ebenso gierig ins Wasser gestürmt. Es senkte den Kopf und trank hastig. Nach ein paar Schlucken hielt es inne, schaute enttäuscht drein, trank aber noch ein bißchen. Ich probierte das Wasser. Es war alkalisch,

Meine Tiere sind von diesem Wasser nicht allzusehr begeistert

brannte leicht im Hals und schmeckte nicht gut. Aber es hätte schlimmer sein können. Das Pony konnte es trinken, und im Notfall hätte ich es auch getan. Mein Kamel brauchte erst in einer Woche Wasser, und die Plastikbehälter mit Trinkwasser für mich waren auch noch nicht leer.

Tagelang wanderten wir am goldenen Strand entlang. Ich hielt oft an, um in die Wellen zu tauchen. Mittlerweile behielt ich die Kleider ganz bewußt an, denn ich hatte entdeckt, daß es erfrischt, wenn man in einem heißen Wind nasse Kleider trägt.

Das Entkeimen von Wasser

Unreines Wasser oder auch solches, bei dem man sich nicht sicher ist, sollte vor dem Trinken abgekocht werden. Dabei darf es den Siedepunkt nicht nur erreicht haben, sondern muß mindestens drei Minuten lang kochen.

Ihr könnt auch Entkeimungstabletten benützen. Davon gibt es schnell wirkende und solche, die mehr Zeit brauchen. Auch Jod wirkt keimtötend: 2–4 Tropfen 7prozentiges Jod reinigen 1 l Wasser. Man muß es dreißig Minuten einwirken lassen. Der Geschmack ist nicht sehr angenehm, kann aber mit Fruchtsaftpulver oder Tee überlagert werden.

Seid vorsichtig mit dem Trinkwasser, aber übertreibt es auch nicht! Ich habe mir mit schlechtem Wasser noch nie den Magen verdorben. Vielleicht verdanke ich das meiner ersten Reisegefährtin. Sie überzeugte mich von der Notwendigkeit, eine natürliche Abwehr gegen Keime aufzubauen. Wenn ihr euer Wasser grundsätzlich sterilisiert, baut ihr nie Widerstandskraft auf. Seid vernünftig und vorsichtig! Trinkt zuerst das von Natur aus saubere Wasser (Brunnen, Quellen usw.) unsterilisiert, und gewöhnt euch nach und nach an den normalen Grad an Verunreinigung, bis ihr das Wasser der Eingeborenen trinken könnt. Euer Körper wird allmählich immer besser damit fertig. Diese Widerstandskraft kann nur langsam aufgebaut werden, aber es lohnt sich, wenn man längere Zeit unterwegs sein will. Das soll nicht bedeuten, daß ihr allen gefährlichen Keimen trotzten müßt oder daß ihr unbedenklich jedes Wasser trinken sollt. Wo Bilharziose oder Hepatitis verbreitet sind, darf man kein Risiko eingehen.

Andere Möglichkeiten, zu Wasser zu kommen

Wenn es in der Umgebung keine Wasserläufe gibt und auch kein Regen fällt, kann man seinen Wasserbedarf auf andere Weise decken.

Tau ist eine sehr ergiebige Möglichkeit. Man sammelt ihn am besten nach einer kalten, klaren Nacht, zieht ein Stück Stoff durchs Gras und wringt es aus. Auf großen, glänzenden Blättern und glatten Steinen setzt sich am meisten Tau ab.

Meerwasser ist, wie man weiß, ungenießbar. Wenn ihr aber am

Ufer oberhalb des höchsten Meeresstandes grabt, müßtet ihr auf Trinkwasser stoßen. Es schmeckt salzig, aber das meiste Salz ist durch den Sand herausgefiltert worden, und da Salzwasser schwerer ist als frisches, ist das Trinkwasser oben. Normalerweise genügt es, einen halben Meter tief zu graben. Ist das Loch zu tief, wird das Wasser wieder salziger.

Mit einer Rettungsdecke oder Plastikplane kann man relativ einfach Kondensation erzeugen. Grabt an einem niedrig gelegenen Ort eine kreisförmige Mulde von 1 m Durchmesser und mindestens 20 cm Tiefe, stellt in die Mitte einen Kochtopf und deckt die Plane darüber (bei der Rettungsdecke muß die glänzende Seite nach unten zeigen). Befestigt sie fest an den Rändern, und beschwert sie in der Mitte mit einem Stein, so daß die Plane im Zentrum trichterförmig zuläuft. Die Flüssigkeit, die auf der Unterseite der Plane kondensiert, läuft zur gesenkten Mitte zusammen und tropft in den Topf. Achtet darauf, daß die herunterhängende Plane die Seiten der Mulde und den Rand des Topfes nicht berührt.

Dieses System bewährt sich vor allem in der glühenden Sonne, und man gewinnt mehrere Liter Wasser täglich. Schaut nicht zu häufig unter die Plane, weil die feuchte Luft, die sich gebildet hat, sonst entweicht. Ab und zu müßt ihr den Topf natürlich ausleeren. Kondensiert sich die Feuchtigkeit nur noch schleppend, so verlegt die gesamte Anlage an einen anderen Ort.

Wenn ihr einige grüne, fleischige Pflanzen mit in die Mulde legt (sie dürfen das Plastik nicht berühren), wird der Prozeß beschleunigt. Auch Meerwasser oder verunreinigtes Wasser treiben ihn voran. Schüttet das ungenießbare Wasser unter die Plane in die Mulde. Die „Destilation" funktioniert durch Verdampfen der Feuchtigkeit vom Boden. Je mehr Feuchtigkeit der Boden also enthält, um so effektiver das Ergebnis. Kondenswasser ist sauberer, niedergeschlagener Wasserdampf. Alle Schadstoffe bleiben am Boden.

Sagoherstellung in Papua-Neuguinea

Viele Pflanzen speichern Wasser. In heißen Klimazonen lernt ihr vielleicht den „Baum der Reisenden" *(ravenala madagascarienses)* kennen. Er hat an den Astansätzen Hohlräume, in denen ungefähr 1 Liter Wasser gespeichert ist. Bohrt ein Loch hinein, und Wasser sprudelt hervor. Der sogenannte Brunnenbaum *(cedrus deodara)* im tropischen Asien speichert trinkbaren Saft in seinem Hauptstamm. Auch die rankenden Äste des „Wasserbaumes" in den Tropen Afrikas enthalten gutes Trinkwasser.

Hölzerne Rankgewächse, wie z. B. Rattan und wilder Wein, speichern auch Wasser. Schneidet eine lange Ranke ab, kappt sie auch am oberen Ende, und stellt sie in ein Gefäß. Der wäßrige Saft tropft heraus. Wenn der Druck nachläßt, schneidet die Ranke am oberen Ende noch ein Stückchen kürzer, und es wird noch mehr Saft austreten. Das könnt ihr öfter wiederholen.

Frische Säfte gewinnt man aus den Knospen der Kokos- und Kohlpalme. Auch Ahorn und Birke können angezapft werden, um von ihrem reichhaltigen Saft zu profitieren. Kerbt die Rinde V-förmig ein, und steckt einen kleinen Span unten in die Spitze, damit die Flüssigkeit herausläuft.

Kakteen (wie indische Feige sowie Riesen- und Säulenkaktus) enthalten einen wäßrigen Saft, den man auspressen kann. Vor dem Auspressen brennt man die Stacheln ab und schneidet ein Loch in die Spitze.

7. Feuerstellen

Der richtige Platz

Überlegungen über den richtigen Platz sind wichtig, damit ihr nachher nicht im Qualm sitzt. Achtet auf die Windrichtung und bedenkt auch, daß sich der Wind drehen kann. Auch an manchen ruhigen Tagen zieht später noch ein Sturm auf.

Das Feuer errichtet man am geschicktesten im Windschatten von Felsen oder einem großen, feuchten, umgestürzten Baumstamm. Ist die Umgebung trocken, darf das Feuer nicht in der Nähe von trockenem Gras und Unterholz entfacht werden. Denkt auch an Funkenflug!

Wenn ihr von eurem Lager später keine Spur hinterlassen wollt, so sucht euch ein saftiges, grünes Fleckchen aus, und entfernt die Grasnarbe. Schneidet den Rasen bis in Wurzeltiefe ein, und rollt ihn auf. Benützt die offene Fläche für euer Feuer. Wenn ihr mehrere Tage lagern wollt, müßt ihr die Rasenrolle von Zeit zu Zeit gießen. Beim Aufbruch braucht ihr das Grasstück nur wieder in das Loch einpassen, und von der Feuerstelle wird keine Spur mehr zu entdecken sein.

Brennholz

Holzsuchen ist eine Beschäftigung, die ich sehr mag. Ich habe dabei die Gelegenheit, die Umgebung meines Lagers zu erkunden. Brennholz muß alt und trocken sein. Versucht es nicht mit grünem, frischem Holz und ebensowenig mit morschem, bröselndem Holz; es brennt nicht gut. Wenn sich Holz kalt anfühlt, ist es wahrscheinlich feucht. Damit kann man das Feuer nicht zum Brennen bringen, doch es ist nützlich zum Regulieren von zu heißen Feuern. Getrocknetes Schwemmholz von Stränden und Flußbetten eignet sich hervorragend. Wurzelholz von umgestürzten Bäumen brennt langsam, erzeugt große Hitze und raucht kaum.

Einige Holzsorten brennen auch im trockenen Zustand nicht gut. Sie schwelen nur und erzeugen wenig Wärme. Zu diesen Hölzern zählen Erle, Kastanie, Holunder, Ulme, Pappel und Weide. Schlehdorn und Kiefer stehen in dem Ruf, viele Funken zu sprühen. Bambus explodiert mit einem Knall wie ein Pistolenschuß, wenn es nicht zuvor schon gespalten ist.

Birke, Haselnuß, Stechpalme, Föhre und alle Weichhölzer brennen schnell und heiß. Sie eignen sich besonders zum Entfachen von Feuer und wenn man auf die schnelle z. B. einen Topf Wasser erhitzen will. Weichholz verbrennt allerdings gleich zu Asche und liefert daher keine schöne Glut, die man braucht, um richtig zu kochen. Für langbrennende Feuer mit viel Glut braucht man Holz von Esche, Buche, Ahorn, Eiche und anderen Harthölzern.

Wenn ihr öfter Fleisch über offenem Feuer zubereitet, werdet ihr feststellen, daß die Art des Holzes den Geschmack des Fleisches beeinflußt. Nehmt keine Nadelhölzer (wie Kiefer oder Föhre), weil es harzig ist und den Eigengeschmack zu sehr überdeckt. Das Fleisch schmeckt sehr delikat, wenn es über der Glut von Eiche, Bergahorn oder Buche gart. Den besten Geschmack ergeben jedoch Apfel-, Kirsch- und Birnenhölzer; man braucht nur ein paar Stöckchen kurz vor dem Ende der Garzeit hinzufügen. Probiert auch einmal ein Wacholder-, Lorbeer- oder Fenchelzweiglein (Fenchel paßt besonders zu Fisch). Auch diese erst am Schluß auf die Glut legen.

Es macht Spaß, mit dem verschiedenartigen Rauchgeschmack zu spielen, ihn zu mischen und einfach den Geruch zu genießen.

Brennholzersatz

Wo es kein Brennholz gibt, finden die Menschen Ersatz wie z. B. Torf oder trockenen Kuhdung. Der Dung riecht bei der Verbrennung übrigens nicht schlecht, solange er nur aus „aufbereitetem" Gras besteht und keine Chemikalien enthält. Sobald das Vieh chemisch zubereitetes Futter erhält, ändert sich der Geruch. Achtet darauf, daß ihr keine Hautrisse oder Kratzer habt, wenn ihr Kuhdung verfeuert, da Wundstarrkrampf davon übertragen wird. Trockener Seetang verbrennt sehr heiß, aber er hält nicht lange. Auch Knochen können verbrannt werden; frische eignen sich ebenso wie alte. Die Größe der Flamme ist von der Menge des in den Knochen enthaltenen Fetts abhängig.

Holz zum Anfeuern

Um ein Feuer zu entfachen, braucht ihr zunächst leicht entzündbares Material, wie beispielsweise trockenes Gras, dürre Blätter, (vor allem Stechpalme), dürren Stechginster, verlassene Vogelnester, Zeitungspapier, alte Rindenstücke von Silberbirke und Papierstaude (dünne Streifen davon brennen hervorragend, sogar wenn sie feucht sind). Nehmt alles, was ihr finden könnt, und mischt es mit einigen spröden, toten Zweigen. Die besten Zweige liefern Buchen und Nadelbäume.

Bei sehr feuchter Witterung müßt ihr unter Büschen und

unterhalb der obersten Laubschicht nach gut brennbaren Materialien suchen. Vorsicht vor Schlangen! Ihr könnt auch von toten Ästen die feuchte Rinde abklopfen und mit dem Messer dünne Späne von trockenem Holz abspalten. Wenn ihr Streichhölzer oder ein Feuerzeug habt, könnt ihr jetzt mit dem dürren Brennmaterial ein Feuer in Gang setzen. Habt ihr aber keine mehr oder sind die Anzünder naß geworden, wird es noch ein wenig länger dauern.

Zunder

Zunder ist noch feiner und trockener als das eben beschriebene Material zum Anfeuern. Man braucht Zunder, um aus einem Funken eine Flamme zu gewinnen. Nehmt die weiche Auskleidung eines Vogelnests, Kapoks oder jede andere Art trockener Fusseln, Flocken von Schafswolle oder Baumwollfasern (Baumwollschnur ist auch gut). Ansonsten kann man's auch mit dürrem Farn, Flechten, Fichtennadeln oder trockenen Fasern von der inneren Rindenschicht von Nadelbäumen versuchen.

Der Zündfunke

Fernab von der Zivilisation gibt es noch Menschen, die ohne Zündhölzer oder Feuerzeuge leben. Normalerweise halten sie ihr Feuer ununterbrochen in Gang; sie lassen es tagsüber niederbrennen, um die Glut dann am Abend zu einem Feuer wiederzubeleben. Erkaltet die Glut ausnahmsweise völlig, so holen sie sich glühende Scheite von ihren Nachbarn. Dennoch haben sie Werkzeuge zum Erzeugen von Funken immer bei sich, und auf Jagdausflügen habe ich sie oft in Gebrauch gesehen. Die Methoden variieren je nach den Materialien, die zur Verfügung stehen. Erst kürzlich sah ich, wie ein Mann einen Hartholzstock benützte, der an einem Ende gespalten war. Ein Stein klemmte in dem Spalt und hielt ihn offen. In den Spalt steckte der Mann nun außerdem noch fein zerbröselten Zunderstoff und schlang einige feste Fasern Steppengras um den gespaltenen Teil des Stocks. Der Stock lehnte leicht geneigt gegen den Boden und wurde von dem Mann mit dem Fuß festgehalten. Dann begann er die Fasern schnell hin und her zu ziehen. Die Reibung zwischen Fasern und Holz war so stark, daß sie genug Hitze produzierte, um den Zunder zum Glimmen zu bringen. Dann blies der Mann vorsichtig in die kleine Glut, bis eine Flamme aufloderte.

Nach einer anderen Methode benützt man zwei Feuersteine oder ähnliches Gestein, wobei einer der beiden Steine früher einmal in einem Feuer aufgebrochen wurde, um eine scharfe Kante zu erhalten. Leichter ist es, Stein in Kombination mit Metall zu verwenden. Der Stein muß ein Feuerstein oder kieshaltig sein, wie z. B. Quarz, Achat oder Obsidian (vulkanisches Glas). Als Metall eignet sich Stahl oder gehärtetes Eisen. Versucht es mit eurem Messer.

Haltet den Feuerstein direkt über ein Häufchen Zunder und schlagt mit dem Metall daran herunter (oder auch umgekehrt). Versucht es immer wieder, irgendwann wird ein Funke hinunterfallen und den Zunder zum Glimmen bringen. Dann müßt ihr vorsichtig eine Flamme herausblasen.

Moderne Reisende können eine Kameralinse benutzen. Dazu muß man den Fotoapparat öffnen (nachdem man den Film zurückgespult hat) und die größte Blende einstellen. Laßt die Sonnenstrahlen direkt von hinten in die Linse fallen und richtet sie auf das Häufchen mit Zunder.

Ich will nicht den Eindruck erwecken, daß irgendeine dieser Methoden einfach auszuführen sei – sie sind es alle nicht! Aber im Notfall wird euch nichts anderes übrigbleiben, als alles zu versuchen, was nur irgend möglich ist.

Die in Rauch konservierten Körper der Aseki sollen über den Stamm wachen (Papua-Neuguinea)

Wie man ein Feuer aufbaut

Ein Feuer zu entzünden scheint die einfachste Sache der Welt zu sein – bis man es versucht. Ich staune immer, wie viele Leute es falsch anpacken und dann enttäuscht sind, wenn es nicht klappt.

Sogar nach schweren Regenfällen ist es mit viel Hingabe fast immer möglich, ein Feuer zu entfachen. Wenn es sehr feucht ist, braucht man mehr Kleinholz und Späne. Wenn das Feuer einmal in Gang gebracht ist, macht es nichts mehr, wenn die großen Scheite feucht sind – sie trocknen in der Hitze. Nehmt dünnes

Holz, oder spaltet Späne, denn sie trocknen viel schneller als dicke Teile. Die Rinde klopft ihr am besten ab. Wenn der Boden sehr naß ist, baut ihr das Feuer auf nebeneinanderliegenden Stöcken auf.

Die Kunst des Feuermachens besteht darin, das Holz in der richtigen Weise anzuordnen. Häuft das schnell brennbare Material sehr lose auf, und baut eine Pyramide aus Holzstöcken darüber. Nehmt nicht zu viele Stöcke, da das Feuer viel Luft braucht. Entzündet das kleine, leichte Häufchen in der Mitte und fügt, nachdem die ersten Stöckchen Feuer gefangen haben, mehr hinzu, eines nach dem anderen, immer dorthin, wo die Flammen am höchsten sind. Achtet darauf, daß das Feuer locker bleibt, erstickt es nicht! Laßt die Flammen stärker werden. Legt nach und nach größere Scheite pyramidenförmig darüber. Wenn das Feuer auszugehen droht, ist vielleicht zuviel Holz darübergelegt worden, und es bekommt nicht genug Zugluft. Blast dann vorsichtig die glimmenden Holzteile an, und fügt mehr Kleinholz hinzu. Wenn ihr zu fest blast, geht das Feuer ganz aus. Wenn das geschehen ist, nehmt den ganzen Stoß auseinander und beginnt von neuem. Seid geduldig, redet mit dem Feuer und füttert es Zweiglein für Zweiglein.

Wenn es gut brennt, dauert es noch etwa eine halbe Stunde, bevor ihr anfangen könnt, ein richtiges Essen zuzubereiten. Diese Zeit müßt ihr einplanen. Mit einer kräftigen roten Glut geht es am besten. Wenn ein Feuer etwa zehn Minuten prasselnd gebrannt hat, ist es stark genug, daß man es den Bedürfnissen entsprechend zurechtformen kann.

Auf hohen Bergen ist der Siedepunkt wesentlich niedriger als auf Meereshöhe. Die Speisen im Topf können unter Umständen bereits brodeln, ohne aber wirklich heiß genug zum Kochen (d. h. 100°) zu sein. In solchen Fällen kann es eine halbe Stunde dauern, bis ein Ei hart ist.

Feuertypen und -formen

Die Pyramidenform – mit fast vertikalen Hölzern ist der am schnellsten und heftigsten brennende Feuertyp und eignet sich für schnelles Kochen, Rösten oder zum Backen in der heißen Asche. Je flacher die Holzscheite liegen, um so langsamer brennt das Feuer. Am längsten hält es an, wenn man dickes Holz kreuzweise übereinander schichtet. Auf diese Art erhält man viel Glut zum Grillen oder Rösten sowie eine Fläche, um den Topf daraufzustellen.

Steinfeuer – Es wird um einen Stein herum gebaut. Ideal ist ein Stein, der oben flach ist, wegen der Arbeitsfläche. Der Stein absorbiert die Hitze und reflektiert sie, was den Garungsprozeß beschleunigt. Außerdem strahlt der Fels die gespeicherte Wärme die ganze Nacht über aus. Diese Art von Feuer ist an sehr kalten Tagen und Nächten wunderbar.

Bei sehr kaltem Wetter empfehle ich, wenn kein großer Stein zu finden ist, die größten verfügbaren Steine zusammenzusuchen und mit ihnen einen halbkreisförmigen Wall hinter das Feuer zu bauen. Dort kann die Hitze auch reflektieren. Feuersteine sowie nasse Steine aus Flußbetten eignen sich zu diesem Zweck allerdings nicht, weil sie zerplatzen oder sogar explodieren können, wenn sie erhitzt werden.

Grabenfeuer – sind an windigen Tagen praktisch oder auch, wenn nur wenig Brennholz zur Verfügung steht. Hebt einen Graben aus, dessen eine Seite abschüssig in Richtung zum Wind liegt. Das hintere Ende sollte mindestens einen halben Meter tief sein und so schmal, daß man einen Kochtopf darüberstellen kann. Vorne sollte der Graben weiter sein und in Höhe der Erdoberfläche auslaufen. Baut das Feuer an der tiefsten Seite auf. Ihr könnt es mit langen, dicken Ästen befeuern, die ihr im Verlauf der

Verbrennung langsam nachschiebt. Dieser Feuertyp eignet sich, wenn ein Gericht lange köcheln muß, wie z. B. Eintöpfe.

Wenn ihr längere Zeit an dem Ort bleiben wollt, lohnt es sich, den Graben mit Steinen einzusäumen. Steine halten die Hitze, und ihr braucht weniger Brennmaterial. Die Steine verhindern auch, daß der Rand nach innen abbröckelt. Bei Lehmboden kommt man auch gut ohne Steine aus.

Jagdfeuer – ein Feuer ohne Qualm. Baut aus Steinen oder Holzstämmen einen trichterförmigen Feuerplatz; das offene Ende zeigt in die Richtung, aus der der Wind bläst. Legt dünnes, trockenes Feuerholz ans hintere Ende, und entzündet es. Die Flammen sollten so den Rauch unterdrücken. Wenn man solch ein V-förmiges Feuer groß genug baut, kann es einen doppelten Zweck erfüllen: Man schiebt die Glut zum Kochen ins hintere Eck und genießt das offene Feuer am weiten Ende.

Ein paar warnende Worte zum Schluß

An manchen Orten ist das Feuermachen nur mit der Genehmigung des Grundbesitzers erlaubt. Auf Privatgelände gilt das auch fürs Holzsammeln.

Macht das Feuer nicht zu groß, da es dann schwerer zu kontrollieren ist. Wenn sich das Feuer einmal selbständig macht, müßt ihr die Funken mit den Füßen austreten, Wasser auf das brennende Gras schütten oder die Flammen mit einem Bündel biegsamer Zweige ausschlagen. Man kann auch Erde oder Sand auf die Flammen schütten.

Haben eure Kleider Feuer gefangen, wälzt euch auf dem Boden oder rollt ins Wasser. Erstickt die Flammen mit einer Decke oder einem Schlafsack. Die beste Erste-Hilfe-Leistung bei einer Brandwunde ist, sie in kaltes Wasser zu tauchen.

Wenn ein starker Wind aufkommt, müßt ihr aus Balken,

Brettern und Steinen einen Schutzwall aufbauen. Laßt das Feuer nie unbeobachtet.

Mit Feuer umgehen zu können ist etwas, wofür man oft dankbar sein wird. Es passierte mir schon oft, daß ich völlig durchnäßt war und elendiglich fror, doch dann durch ein gemütliches Feuer erwärmt wurde und meine Kleider trocknen konnte.

An einem Spätnachmittag, ich befand mich gerade im kahlen Gebirge von Lesotho, zog sich der Himmel mit dunklen, grünlichen Wolken zu, die wolkenbruchartige Regengüsse und Hagelstürme ankündigten. Ich trieb mein Pferd in den Schutz einiger Baumfarne, doch der Hagel zerschlug deren Zweige, und wir standen im Freien. Die Hagelkörner waren so groß und hart wie Golfbälle, sehr schmerzhaft, und das Eiswasser lief mir den Nacken hinab. Der Himmel wurde noch dunkler, und ich begann fieberhaft nach einem Felsüberhang zu suchen, der uns Schutz bieten könnte. Schließlich fand ich eine Höhle zwischen Felsblöcken, die groß genug war, sowohl mein Pferd als auch mich aufzunehmen. Wir krochen hinein, vor Kälte schlotternd und in erbärmlicher Verfassung.

In einer Ecke hatte der Wind trockene Blätter und kleine Zweige zusammengeblasen. Damit entzündete ich ein Feuer. Später legte ich den feuchten Stamm eines Baumfarns darauf. Das Holz war sehr rauchig, aber der Wind trieb den Qualm davon. Ich hängte meine Kleider zum Trocknen auf und setzte einen Topf mit Teewasser auf.

Vor der Höhle tobte der Sturm, und ich saß warm und trocken in der Höhle. Als sich meine Augen an die Dunkelheit gewöhnt hatten, bemerkte ich, daß die Felsblöcke, die die Höhle bildeten, mit primitiven ockerfarbenen Zeichnungen geschmückt waren, die Menschen und Tiere darstellten und wohl von Buschmännern stammten. Ich saß am Feuer, genoß die Wärme, schlürfte meinen Tee und fühlte mich über die Maßen wohl.

8. Der Lagerhaushalt

Erdofen

Viele ethnische Gruppen kochen in Erdöfen und Feuergruben. Die Methode ist ideal, wenn man den Kochvorgang nicht ständig kontrollieren kann, tagsüber unterwegs sein will, ohne ein offenes Feuer zu hinterlassen, oder Kochgerüche vermeiden will.

Die Grube sollte ein bißchen größer sein als das, was ihr kochen wollt. Die Glut braucht noch genügend Platz rundherum. Für Fisch eignet sich eine relativ flache Grube, während die Grube zum Garen eines Schafes schon 1 m tief sein müßte. Nehmen wir an, wir hätten ein Huhn. Grabt ein Loch von je einem halben Meter Tiefe und Breite. Legt den Boden und die Seiten mit Steinen aus (keine Feuersteine!). Wenn ihr keine findet, ist es in diesem Fall auch nicht schlimm. Unentbehrlich sind Steine allerdings, wenn das Fleischstück größer ist.

Entzündet ein Feuer im Loch, und laßt es heftig brennen, bis der Boden gut erwärmt ist und ihr viel Glut habt. Das dauert mindestens eine Stunde. Schiebt die Glut an die Ränder, und nehmt mit zwei flachen Holzstücken, die ihr als Zange verwendet, einen Teil der Glutstücke und Steine heraus.

Wickelt das Huhn in eine dichte Schicht feuchter Blätter oder Lehm ein. Lehm oder klebrige Erde eignen sich vor allem, wenn man Vögel im ganzen zubereitet, sowie für kleines Wild wie Stachelschwein oder Igel. Sehr trockener Lehm muß mit Wasser weichgeknetet werden. Rollt den Lehm wie eine Teigschicht von etwa 2 cm Stärke aus, und wickelt das Fleisch zusammen mit Wurzelgemüsen oder Pilzen darin ein. Drückt die Ränder gut zusammen.

Die meisten Tiere müssen vor dem Kochen ausgenommen werden (siehe Kapitel 10). Ihr braucht Vögel nicht zu rupfen, weil die Federn am Lehm kleben bleiben und sich nach dem Kochen leicht mit ihm ablösen. Dasselbe gilt für die Stacheln vom Stachelschwein und Igel.

Gebt nun das Paket in das Loch und legt Glut und glühende Steine drumherum und darüber. Wenn ihr den Garvorgang beschleunigen wollt, könnt ihr über der Grube noch ein Feuer anzünden. Andernfalls bedeckt ihr die Stelle mit großen Blättern (am besten eignen sich Bananenblätter), um den Dampf zu halten. Darüber kommt eine Schicht Erde.

Das Essen darin gart langsam, behält den eigenen Saft und Geschmack und ist 3–5 Stunden später fertig. Es kann nicht verbrennen, weil die Hitze ständig schwächer wird, aber es bleibt bis zu 24 Stunden lang warm.

Erdöfen funktionieren so gut, daß eigentlich gar nichts schiefgehen kann – aber manchmal passieren ja die blödsinnigsten Dinge: Einmal kehrte ich nach einer Tagesklettertour zu meinem Lager zurück und freute mich, hungrig wie ich war, auf das Rebhuhn, das ich vor dem Aufbruch in die Berge in einen Erdofen gegeben hatte. Zunächst fand ich das Lager nicht gleich auf Anhieb; ich hatte meine Sachen unter Büschen verstaut und versucht, meine Anwesenheit möglichst gut zu verbergen. Doch dann erkannte ich ein paar Wegzeichen und bald darauf den Platz und baute mein Lager wieder auf. Ich nahm den Grabstock zur Hand, um den Ofen zu öffnen – und dann fiel mir nicht mehr ein, wo er war. Ich hatte die Spuren so sorgfältig verwischt, daß ich selbst die Stelle nicht mehr ausmachen konnte. Bei dem Versuch, den heißen Boden über dem Ofen ausfindig zu machen, kroch ich eine ganze Weile auf allen vieren herum, doch der steinige Sand war von der Nachmittagssonne überall stark aufgeheizt. Die Situation kam mir so absurd vor, daß ich laut lachen mußte.

Auch verschiedene Grabversuche fruchteten nicht. Ich wurde

immer verwirrter, frustrierter und hungriger. Nach einer Weile regten sich schon Zweifel, ob ich mir das mit dem Rebhuhn und dem Erdofen nicht vielleicht nur eingebildet hatte. Ich murmelte vor mich hin, daß sich Geduld doch meistens auszahle, und begann, systematisch zu arbeiten. Auf einem Planfeld wie für ein riesiges „Schiffchen-Versenken-Spiel", probierte ich Quadrat für Quadrat durch. Die Sonne ging bereits unter, als ich „traf" und es mir endlich gut schmecken lassen konnte.

Die Moral von der Geschicht: Vergiß das Markieren des Ofens nicht!

Immer wieder Alufolie

Starke Alufolie ist so unendlich praktisch, daß es sich wirklich lohnt, sie mitzuschleppen. Man kann damit eingewickelte Speisen in der Aschenglut backen, Kochtöpfe oder Bratpfannen basteln oder einen Ofen zum Brotbacken. Um Fleisch (Kotelett, Schnitzel, Steaks, Braten) oder Fische zuzubereiten, fettet man die glänzende Seite ein. Dann legt man das Fleisch darauf, würzt und gibt Zwiebeln und Gemüse dazu, schließt dann die Folie zu einem Päckchen, in dem noch Luft zirkulieren kann, und drückt die Ränder fest zusammen. Besonders lecker wird's, wenn man ein bißchen Brühe, Wein, Apfelmost oder Soße hinzufügt.

Das Alupäckchen kann unter Glut und Asche vergraben werden oder auch darauf gelegt werden (die Glut sollte dann aber nicht mehr rot sein). Schüttelt oder dreht das Päckchen von Zeit zu Zeit.

Alufolie kann man leicht zu einem Becher formen (über einer Tasse oder der Faust) und eignet sich zum Erhitzen von Kaffeewasser oder um ein Ei zu kochen. Auch kleinere Portionen Eintopf können auf diese Weise aufgewärmt werden.

Eine Pfanne erhält man, wenn man die Folie über einen gegabelten Stock spannt und in der Mitte zu einer Mulde eindellt. Vor dem Braten einfetten!

Nomadin der Turkana mit Lippenpflock

Wenn ihr einen Grillrost habt, könnt ihr ihn z. B. zum Braten von Fisch abdecken (Fisch fällt in gegartem Zustand leicht auseinander). Probiert auch Pilze, Eier und Zwiebeln gegrillt! Kartoffeln und andere Knollen schmecken in Folie gebacken hervorragend. Fettet die Schale vorher ein. Große Kartoffeln brauchen zum Garwerden in der Glut bis zu einer Stunde.

Man kann aus Folie sogar einen reflektierenden Ofen herstellen. Konstruiert einen Behälter, so wie eine große Keksdose, wobei die glänzende Seite nach innen zeigen muß. Drückt die Kanten sorgfältig zusammen und stützt das Ganze mit frischen Stöcken ab. Auf einer Seite bleibt der Kasten offen, die Höhe und Breite entsprechen den Ausmaßen des Feuers. Die Speise muß etwas über den Boden erhoben werden, idealerweise in die Mitte. Am besten benützt man dazu ein Drahtgestell o. ä.

Zündet etwa 30 cm vor der Öffnung des Ofens ein Feuer an, und baut einen Windfang aus dicken Ästen oder Steinen. Der Windfang soll auf der Rückseite des Feuers einen Wall bilden, an dem die Hitze reflektieren und in die Kiste fallen kann. Die Kiste selbst steht mit der Rückseite zum Wind.

Wenn das Feuer sehr stark brennt, wird der Ofen heiß genug, um Brot darin zu backen (Kapitel 9) oder Fleisch zu braten. Man braucht kein Anbrennen zu befürchten, da man das Essen gut im Blick hat. Wird es zu dunkel, rückt man die Kiste weiter vom Feuer ab.

Stöcke und Steine

„Backstein" – Auf einem großen flachen Stein kann man Plätzchen und ungesäuertes Brot backen und sogar auf ihm braten oder ihn als Wärmeplatte benützen. Nehmt auch hier keine Feuer- oder feuchten Flußsteine.

Legt den Stein ins Feuer, bis er so heiß ist, daß Wassertropfen zischend auf ihm verdampfen. Ein pfannengroßer Stein braucht etwa eine halbe Stunde, bis er diese Temperatur erreicht hat. Schiebt ihn dann aus dem Feuer, damit ihr ihn benützen könnt. Er bleibt jetzt noch etwa eine weitere halbe Stunde lang heiß genug, um Speisen auf ihm zu garen. Größere Steine brauchen länger zum Aufheizen, speichern die Hitze dafür auch länger. Sollte der Stein so groß und schwer sein, daß man ihn nicht transportieren kann, so baut man das Feuer um ihn herum und entfernt es später. Die Oberfläche des Steins wird vor dem Kochen eingefettet.

Steine kann man noch auf andere Weise verwenden. Z. B. kann man sie im aufgeheizten Zustand in eine Schüssel oder einen Topf mit kaltem Wasser fallen lassen, um es für den Abwasch zu erwärmen.

Fleischspieß – Noch bevor der Mensch Metall- und Suppentöpfe zum Kochen erfunden hat, benützte er schon Holzspieße zum Rösten seiner Nahrung im Feuer. Nehmt für die Spieße kein Holz von Nadelbäumen. Das enthaltene Harz verdirbt den Eigengeschmack des Fleisches. Spieße aus Nußholz verleihen einen bitteren Geschmack. Nehmt frische Zweige, schält sie und weicht das Ende in Wasser ein.

Man kann das Essen aufspießen und über die Flammen halten, der Spieß kann aber auch von zwei kreuzweise aufgestellten Stöcken oder einer Astgabel gestützt werden. Auf diese Weise werden Fleischstücke und festes Gemüse zubereitet. Ganz vorzüglich sind auch aufgespießte Früchte, die mit einem zuckrigen Saft oder Sirup übergossen und am Spieß geröstet werden. Der Sirup kristallisiert auf der Frucht (siehe Kapitel 15).

Bambuskochtopf

Während ich, geführt von einem 9jährigen Burmesen, durch Thailands Goldenes Dreieck zog, brachte mir mein Begleiter bei, wie man in einem Bambusrohr kocht. Es handelt sich hierbei nicht um die dünnen Röhrchen, die wir aus Ziergärten kennen, sondern um die in den Tropen wachsenden Arten, deren Durchmesser den einer Untertasse erreicht. Sie wachsen so hoch, daß man auf Pfaden, die von dieser Art von Bambus gesäumt sind, an die Gewölbe alter Kathedralen erinnert wird. Bambus ist in dieser Region geradezu unschätzbar; die Bergbewohner stellen annähernd alle Gebrauchsgüter daraus her.

Die dickeren Bambusstämme eignen sich als zeitweiliger Kochtopf. Man schneidet eineinhalb Segmente aus einem Stamm; das halbe Segment schützt die verholzte Trennwand vor extremer Hitze, während das obere Ende offen bleibt. Das Essen muß in Wasser oder einer anderen Flüssigkeit gekocht werden, damit der Bambustopf nicht anbrennt. Hängt den Topf übers Feuer, kocht Eintopf darin, oder gart Gemüse. Um den Dampf auszunützen, sollte man das Rohr am oberen Ende verstopfen. Das Bambusholz verleiht der Speise einen angenehmen Geschmack.

Die etwas dünneren Bambusrohre eignen sich zur Zubereitung von Porridge oder Reis. Jeden Abend, bevor wir uns schlafen legten, füllten wir einige Rohre mit Reis, Wasser und ein bißchen Salz (z. T. auch gehackten Nüssen), verschlossen das Rohr mit einem Stöpsel aus Blättern und steckten es schräg in die heiße Aschenglut. Morgens schälten wir den Bambus (wie wenn man Zuckerrohr schält) von den gepreßten, köstlich schmeckenden Reisstäbchen. Schält nur so viel, wie ihr gerade braucht. Der Rest bleibt gut verpackt in den Rohren. So hat man jederzeit einen frischen Happen für zwischendurch. Der gepreßte Reis hält lange vor und ist insofern ideal auf Wanderungen und überhaupt fürs Lagerleben.

Kochtopf aus Tierhaut

Auch aus Tierhaut kann man ein Kochgefäß für flüssige Nahrung herstellen. Hängt die Tierhaut von einem Ast oder einer sonstigen Stütze über die Feuerstelle. Solange genug Flüssigkeit im Beutel ist, verbrennt die Haut nicht.

Sicher und kühl

Plant man, länger an einem Platz zu bleiben, lohnt sich vielleicht der Aufwand, einen „Speiseschrank" herzustellen, um die

Lebensmittel vor Vögeln und fliegenden Insekten zu schützen. So ein Schutzbehälter läßt sich relativ einfach aus einem Stück Nesselstoff und Schnur improvisieren. Mit dem Nessel formt man eine Röhre; die beiden seitlichen Kanten überlappen einander, werden aber nicht zusammengenäht. Das obere wie auch das untere Ende werden fest zugebunden. Die ganze Konstruktion wird an einem schattenspendenden Baum aufgehängt. Die sich überlappenden Kanten zieht man auseinander, um einen Teller mit Nahrung hineinzustellen.

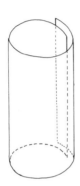 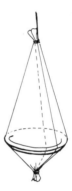

Um zu verhindern, daß die Ameisen an der Schnur entlang herunterklettern, kann man ihn mit Fett einschmieren.

Um den Ameisen in den Tropen zu entgehen, stellt man die Speisebehälter auf Beinen in Wasserschüsseln. Ameisen können nämlich nicht schwimmen.

Statt eines Kühlschranks – Man kann Lebensmittel in kaltem, fließendem Wasser kühlen. Dazu braucht man einen wasserdichten Behälter, den man fest am Ufer verankert. In einem tiefen, kalten Fluß steckt man den Behälter in eine Plastiktüte und beschwert sie. Das Ganze muß dann an einer Wurzel oder einem Stein am Ufer befestigt werden. Vorsicht aber bei großen Fischen!

Man kann die Behälter aber auch mit einem feuchten Tuch einschlagen und sie in den Schatten eines Baumes in den Wind hängen. Das Tuch muß von Zeit zu Zeit neu befeuchtet werden.

Um eine Flasche Milch frisch zu halten, müßt ihr sie im Schatten in eine Schüssel Wasser stellen und die Flasche mit einem feuchten Tuch zudecken, dessen Ecken ins Wasser reichen. Wenn das Ganze der Zugluft ausgesetzt ist, funktioniert es recht gut. An gewittrigen Tagen allerdings schlägt die Milch eigentlich immer um.

In einer Speisebox, einer Isoliertasche oder einer Feldflasche hält sich Nahrung, die sehr kalt eingefüllt wurde, längere Zeit über kühl.

Abwasch

Den Ruß am Topfboden wischt man mit einer Handvoll Gras plus Asche und Sand ab.

Um zu verhindern, daß die Töpfe vom Feuer geschwärzt werden, reibt man sie außen mit etwas Seife ein, bevor man kocht. Nach dem Kochen werden Seife und Ruß einfach abgewaschen.

Um den Abwasch zu vereinfachen, gießt gleich Wasser in die Töpfe, nachdem ihr sie geleert habt. Nach Getreide-, Mehl- oder Eierspeisen füllt ihr kaltes Wasser ein, fettige Töpfe werden mit heißem eingeweicht.

Um festgesetzte Speisereste im Kochtopf zu reinigen, könnt ihr euch einen Topfkratzer improvisieren. Nehmt dazu eine Handvoll festes Gras oder andere steife und schmirgelnde Pflanzen. Zusammen mit etwas Sand wirkt es Wunder. Sand ist ein hervorragendes Scheuermittel; ihr könnt Sand anstelle von Seife benützen.

Bratpfannen werden nicht ausgewaschen. Reibt sie einfach mit Blättern oder Gras aus.

Flaschen säubert man, indem man Sand und Wasser einfüllt und sie dann kräftig schüttelt.

9. Brot backen

Wenn ihr euch in entlegenen Gegenden aufhaltet, werdet ihr nur sehr selten Brot kaufen können. Brot ist natürlich nicht lebensnotwendig, aber als kleine Mittagsmahlzeit recht praktisch.

Der Geschmack von frischem, dampfenden Brot ist durch nichts zu ersetzen.

Brot könnt ihr in jedem improvisierten Ofen backen (siehe Kapitel 8); ihr könnt den Laib aber auch kräftig mit Mehl einstäuben und ihn dann in der heißen Asche backen.

Brot

Brot backen ist weder langweilig noch schwierig, noch muß das Brot wie einst vom Bäcker aussehen. Meine sehen zumeist scheußlich aus, schmecken aber gut. Das Grundrezept kann unendlich variiert werden. Wenn euch Zutaten fehlen, laßt sie weg, oder ersetzt sie durch etwas Ähnliches.

Je schwerer die Zutaten, um so langsamer müssen sie gebacken werden. Wenn ihr wissen wollt, ob das Brot schon durch ist, so stecht ein Messer in den Laib. Haftet noch Teig daran, ist es noch nicht gar. Wenn das Messer sauber bleibt, ist das Brot bereits fertig.

Grundrezept für Brot, mit Hefe gebacken:
- 1 großer Becher Mehl
- ½ Päckchen Trockenhefe
- ½ Becher Wasser
- 1 Teelöffel Zucker
- ½ Teelöffel Salz

Schüttet Hefe, Zucker und Wasser zusammen, und laßt das Gemisch eine halbe Stunde lang stehen. Wenn es fertig gegangen

Akha-Mädchen in Nord-Thailand

ist, hat sich ein dicker, grauer Schaum gebildet. Schüttet das Mehl in einen Topf, gebt das Salz dazu und grabt in der Mitte eine kleine Mulde, in die ihr die Flüssigkeit mit der Hefe schüttet. Gießt die Flüssigkeit langsam ein, während ihr rührt. Deckt den Topf dann mit einem Deckel zu, und stellt ihn an einen warmen, zugfreien Platz. Der Teig geht dann 15 Minuten lang, und zwar am besten bei 26–27°; es sollte eher kühler als zu warm sein. Ist die Hefe zu warm, sterben die Bakterien ab. Wenn der Teig gegangen ist, knetet ihr ihn mit den Händen fest durch, und laßt ihn erneut 30 Minuten lang gehen. Danach wird das Brot eine Stunde lang im Ofen oder in der Asche gebacken.

Wollt ihr das Brot auf einem „Backstein" backen, darf der Teig nur 2–3 cm dick sein. Laßt ihn in diesem Fall nur einmal 15 Minuten lang gehen, und backt das Brot dann auf einem etwas abgekühlten Stein auf beiden Seiten etwa 20 Minuten lang. Das Brot wird nicht so locker wie im Ofen.

Brot backen ohne Hefe – Wenn ihr keine Hefe habt, könnt ihr mit Hilfe von Backpulver und selbsttreibendem Mehl leichtes, lockeres Brot backen. Das selbsttreibende Mehl ist einfach in seiner Anwendung: Vermischt es mit einer Prise Salz und genug Wasser, um einen festen Teig kneten zu können. Drückt ihn dann zu einem Fladen von gut 2 cm Dicke zusammen und backt ihn auf einem Stein, auf jeder Seite 10 Minuten lang.

Um den Geschmack zu verbessern, kann man Milch anstelle von Wasser verwenden, ein geschlagenes Ei hinzufügen oder auch Butter bzw. Fett. Vermischt Ei, Butter und Mehl, bevor ihr die Milch hinzufügt, und laßt das Ganze eine Stunde lang stehen, bevor ihr es backt. Hervorragende Zutaten sind auch Rosinen, Nüsse und Gewürz, speziell Muskat und Zimt.

Brotrezept mit Backpulver:

- 2 Becher Mehl   – 2 Teelöffel Backpulver
- ¾ Becher Wasser oder Milch   – 1 Teelöffel Salz

Mischt alle trockenen Zutaten zusammen. Wenn ihr Milch in Pulverform verwendet, so gebt sie auch gleich dazu. Wenn ihr das Mehl siebt, wird das Brot leichter.

Drückt eine Mulde in die trockenen Zutaten, und schüttet langsam und unter ständigem Rühren Wasser dazu, bis ihr einen dicken, geschmeidigen Teig habt. Knetet ihn kräftig durch, und backt ihn sofort bei großer Hitze etwa 40 Minuten lang. Oder teilt den Teig in kleinere Stücke, formt Brötchen, und backt diese 20 Minuten. Wenn man den Teig stehenläßt, verliert das Backpulver an Kraft.

Diese Brotart gelingt sowohl im Ofen wie auch in der Asche und auf Stein.

Brötchen aus Hefeteig

Brötchen zu backen ist leichter, als Brot herzustellen. Bereitet einen Brotteig zu, teilt ihn aber bereits nach dem ersten Gehen in Portionen. Laßt sie noch mal etwa 15 Minuten lang gehen und backt sie 30 Minuten lang.

Plätzchen

Ein etwas feinerer Teig:

– 2 Becher Mehl	– 2–3 Eßlöffel Butter,
– ¾ Becher Milch oder Wasser	Schmalz oder Fett
– 4 Teelöffel Backpulver	– ½ Teelöffel Salz

Mischt die trockenen Zutaten, und gebt das Fett (Butter/Schmalz) hinzu, indem ihr es mit den Fingern in die trockenen Zutaten reibt, bis alle Klümpchen verschwunden sind. Schüttet die Milch bzw. das Wasser unter kräftigem Rühren dazu, bis ihr einen dicken Teig habt. Breitet den Teig auf einer gefetteten oder mit Mehl bestäubten Folie aus, und backt ihn 10–15 Minuten lang.

Schneidet alles in Stücke, und eßt die Plätzchen warm. Ihr könnt auch welche für später aufheben, die ihr, mit Wasser besprenkelt, nochmals aufwärmt.

Mit Nüssen, Rosinen und verschiedenen Gewürzen könnt ihr das Gebäck natürlich verfeinern.

Süße Brötchen

- 1 Becher Mehl
- 1 Teelöffel Backpulver
- ¼ Becher Butter oder Margarine (oder die Hälfte davon und dazu ein Ei)
- ½ Becher Milch oder Wasser
- eine Prise Salz
- ein bißchen Zucker (falls erwünscht)
- Zitronenpulver und gehackte Nüsse (schmecken gut dazu)

Mischt (oder siebt) die trockenen Zutaten, reibt die Butter hinein, und gebt die Flüssigkeit hinzu. Verrührt alles zu einem weichen Teig. Zerteilt den Teig in runde Portionen, wälzt sie in Mehl, und backt sie 15 Minuten lang. Meine sehen manchmal wie Kekse aus. Marmelade, Sirup oder Sahne schmecken gut dazu.

Brot ohne Treibmittel

Selbst ohne jedes Treibmittel kann man backen, so z. B. Haferkuchen, Zwieback, Kartoffelbrötchen sowie Grieß- oder Mürbteiggebäck.

Habt ihr auch kein Mehl, so versucht es mit getrocknetem Getreide oder zerkleinerten Wurzelgemüsen, und stellt flache Kuchen und Kekse her.

Brot am Stock

Wenn ihr abends keine Lust mehr habt, einen Ofen zu bauen, könnt ihr den Teig auch um einen Stock wickeln. Schüttet langsam Wasser in etwas selbsttreibendes Mehl, und rührt, bis ihr einen dicken Teig habt. Knetet ihn mit etwas Salz durch, und formt 1–3 cm dicke Würstchen. Wickelt die Teigwürstchen um die Enden von befeuchteten und geschälten Stöcken. Sie müssen lose gewickelt werden, an einen Korkenzieher erinnernd, damit sich eine schöne Kruste bilden kann. Haltet die Stöcke mit dem Teig nun über die Glut, zunächst das obere Ende, daß es schnell durch wird und die Spirale gut auf dem Stock hält. Dreht den Stock ab und zu, bis der Teig überall goldbraun ist. Wenn ihr den Stock stark erschüttert und die gebackene Spirale dabei heruntergleitet, ist sie fertig. Schmeckt zwischendurch und mit Schokolade.

Sauerteig

Für diesen Teig braucht ihr 48 Stunden Geduld, während deren er fermentiert:

- 2 Becher Mehl
- 2 Becher warmes Wasser
- 2 Eßlöffel Zucker
- 1 Teelöffel Salz

Mischt die trockenen Zutaten in einem Topf, und rührt soviel Wasser hinzu, bis der Teig recht dünn ist. Bedeckt den Topf, und laßt ihn 48 Stunden lang an einem warmen Ort (um 30 °C) gären. Seine Größe sollte sich verdoppeln. Laßt euch nicht durch den Geruch abschrecken, er verschwindet beim Backen.

Gebt nun einen Löffel geschmolzenes Fett hinzu, dann so viel Mehl, als der wäßrige Teig aufnehmen kann, bis er sich wie ein normaler Brotteig anfühlt. Ein Teelöffel Natron neutralisiert den sauren Geschmack des Teigs. Knetet ihn gut durch, und legt ihn auf einen gefetteten Teller, oder aber ihr zerteilt ihn in Brötchenportionen, die ihr auf einer Alufolie auslegt. Der Teig muß dann noch einmal gehen, und zwar eine Stunde für ein Brot und 15 Minuten für die Brötchen. Dann bei mittlerer Hitze backen.

Wollt ihr mehr Brot backen, so haltet einen Becher des fermentierten, wäßrigen Teigs zurück, und mischt später noch Wasser und Mehl dazu. Er braucht dann nur noch 12 Stunden lang zu gären.

Sauerteig gelingt auch mit Milchpulver und Trockenei sowie auf Stein gebacken. In den Tropen kann man Wasser durch Palmwein ersetzen.

Zwieback

Man nimmt hierzu dieselben Zutaten wie für Sauerteig, jedoch sind die Proportionen, die Herstellung und der Geschmack anders.

Zwieback ist auf Wanderungen ideal, weil er sehr kompakt ist und monatelang hält. Aber er wird manchmal so hart, daß man ihn in Tee, Kaffee oder Suppe eintauchen muß, um ihn essen zu können. So wird Zwieback hergestellt:

- 2 Becher Mehl
- ½ Teelöffel Salz

- ½ Teelöffel Zucker
- etwas Wasser

Mischt die trockenen Zutaten mit nur so viel Wasser, daß ihr einen zähen Teig erhaltet. Knetet ihn gut durch, klopft ihn zu einer dünnen Lage und schneidet ihn in kleine Quadrate. Legt die einzelnen Stücke auf eine gefettete oder mit Mehl bestäubte Alufolie oder auf heiße Steine aus, und backt sie 20 Minuten lang, bis sie trocken und spröde sind.

Nach demselben Rezept, nur mit ein bißchen mehr Wasser und sonstigen Zutaten nach Wunsch, könnt ihr vorzügliche Kekse herstellen. Backt sie dann aber nicht ganz so lange.

Als ich mit einigen südafrikanischen Zigeunern im Gebirge auf Goldsuche war, lebte ich fast nur von Zwieback. Ich konnte mich mit der alten Zigeunerin zwar nicht auf Englisch unterhalten, doch brachte sie mir einige Rezepte bei. Von ihr habe ich auch das Zwiebackrezept, und Zwieback war danach mein Hauptnahrungsmittel. Irgendwie paßte es zu der trockenen, karstigen, sonnengebleichten Gegend, durch die wir uns bewegten.

Nachdem ich die Zigeuner verlassen hatte, ritt ich mit meinem Pferd den alten Goldminengürtel entlang, der Südafrika durchzieht. Einmal kam ich mittags in eine Geisterstadt, die auf einem felsigen Berg lag. In dieser unheimlichen Umgebung machte ich ein Picknick mit Zwieback und Biltongue (getrocknetem Fleisch) sowie Kaffee, um es runterzuspülen. Den Zwieback teilte ich mit meinem Pferd.

Brotersatz

Am einfachsten sind Haferflockenkekse, die man aus Haferflocken und Wasser herstellt (habt ihr Salz, gebt eine Prise dazu). Nehmt nur so viel Wasser, daß ihr einen festen Teig erhaltet, und backt ihn, bis er leicht bräunlich wird.

Wenn ihr Fett habt, schmelzt es und fügt es hinzu, oder ersetzt das Wasser damit. Knetet das Fett mit den Fingern in die Flocken, macht einen Teig daraus, und teilt ihn in flache Klumpen. Stecht diese mit einer Gabel ein, und backt sie 10 Minuten auf jeder Seite auf einem gefetteten Stein. Wälzt die einzelnen Küchlein dann in trockenen Haferflocken und röstet sie über dem Feuer, bis sie knusprig sind.

Man kann auch Kuchen aus Kartoffeln und jeder anderen stärkehaltigen Gemüsewurzel oder Knolle herstellen (z. B. Karotten, weißen Rüben, Maniok, Süßkartoffeln usw.).

Für einfachere Fladen können die Knollen zuvor gekocht und gestampft werden oder in rohem Zustand grob gerieben. Die Masse wird dann in jedem Fall mit einem Klecks geschmolzener Butter oder Fett sowie etwas Mehl oder Trockeneipulver als

Bindemittel gemischt. Gebt Salz, Pfeffer und genug Wasser oder Milch dazu, daß das Gemenge teigähnlich wird. Formt Fladen daraus, bestäubt sie mit Mehl, stecht sie mit einer Gabel ein, und bratet sie in einer Pfanne aus, bis sie auf beiden Seiten braun sind (etwa 15 Minuten). Sie schmecken am besten heiß und mit Butter bestrichen.

Meine besten Erinnerungen an meine Backerfolge habe ich in der Wüste. Meine Vorräte waren karg, doch hatte ich etwas Maismehl und dann noch ein bißchen von diesem und jenem. Wie ich so dahinzog, traf ich einmal einen Kamelhirten. Ich wollte gar nicht anhalten, aber mein Kamel wurde von der Herde umringt, und der Hirte kam herüber, um sie wegzutreiben. Ich sah, daß er einen gefüllten Krug mit frischer Kamelmilch bei sich trug. Mit Händen und Füßen redend, verhandelten wir über ein Tauschgeschäft. Er gab mir etwas Milch und bekam dafür Kautabak, den er in seinen kunstvollen Lippenpflock steckte, bevor er wegging. Ich blieb von felsigen Wüstenbergen umgeben zurück. Da beschloß ich, hier mein Lager aufzuschlagen, denn in dem flachen Tal gab es doch etwas Weide für meine beiden Tiere und auch trockenes Holz für ein Feuer.

Zunächst nahm ich dem Pferd und dem Kamel die Lasten ab, errichtete das Lager und suchte Brennholz zusammen. Dann entzündete ich ein Feuer in einem steinigen Loch. Während sich das Feuer entwickelte, mischte ich einen Teig aus Maismehl, gehackter Ingwerwurzel, Sacharin, Backpulver, Salz und der dicken, süßen Kamelmilch. Um einen Abwasch überflüssig zu machen (ich hatte kein Wasser übrig), schlug ich meinen Blechtopf innen mit Aluminiumfolie aus, gab den Teig hinein und stellte ihn in die Glut.

Eine halbe Stunde später war das Essen schon fertig, und als ich es zum Abkühlen zur Seite stellte, sah ich den Hirten zurückkehren. Er war in Begleitung einiger Freunde. Mir war nicht wohl bei

Krieger aus dem Hochland (Papua-Neuguinea)

der Sache. Als sie sich in der Nähe meines Lagerplatzes niedersetzten, merkte ich, daß ihr Interesse nicht mir, sondern meinem Pferd galt. Einer stand auf, ging zu dem Pferd und begann, es mit einer hohen nasalen Stimme anzusingen.

Er stand da in der gleißenden Steinwüste, sein ockerroter Körper setzte sich gegen die dunkelroten Felsen und die Violettöne der urzeitlichen Lava ab, und sang sein fremdartiges Falsetto.

Von seinen Begleitern erfuhr ich, daß sie noch nie ein Pferd gesehen hatten und daß das Lied eine Form der Verehrung darstellte. Die Männer hatten mir noch einen Krug Kamelmilch und ein Stück getrocknetes Kamelfleisch mitgebracht. Ich teilte mein Ingwerbrot mit ihnen; es war vorzüglich, und wir aßen alles auf. Backen kann wunderbar sein!

Brotersatz – ohne Backen

Es ist an der Zeit, einige Pflanzen zu nennen, die Brotersatz liefern. Der Kaffernbrotbaum des südlichen Afrika hat einen eßbaren Stamm, den man zu Brot verarbeitet. In den Tropen wächst der Brotfruchtbaum *(artocarpus incisa)* überall in feucht-heißem Klima. Die dicke, weiße Schicht in den unreifen Früchten schmeckt wie frisches Brot. Man muß sie verarbeiten (rösten/backen/kochen/braten), bevor man sie verzehren kann. Der Brotnußbaum *(brosium alicastrum)* trägt Früchte, die gekocht als Brot gegessen werden können. An der Dumpalme *(hyphaene thebaica)* des tropischen Afrikas wachsen Büschel von Früchten, deren mehlige Schalen nach Ingwerbrot schmecken.

10. Schlachten und Zubereiten von Großwild

Die Fleischqualität wird von der Art und dem Alter des Tieres bestimmt und hängt außerdem von der Jahreszeit ab. Wild schmeckt gegen Ende des Sommers oder der Regenzeit am besten, denn dann haben die Tiere zugenommen, um die kommenden kalten oder trockenen Monate zu überstehen.

Es gibt kein Tier, dessen Fleisch an sich giftig wäre, mit Ausnahme von bestimmten Teilen der Eingeweide. Die Magensäure eines Krokodils kann Knochen auflösen! Der Geschmack des Fleisches ist abhängig von der Ernährung des Tieres: Fleischfresser schmecken anders als sich von Kräutern ernährende Tiere, Aasfresser sind für uns nicht genießbar. Niemand würde z. B. auf die Idee kommen, Geier zu verspeisen (Krähen jedoch werden schon gegessen; in einigen Teilen der USA geben Landwirte sogar Krähenfestessen).

Alle Tiere, die von Bauern und Landbesitzern als Schädlinge bezeichnet werden (Kaninchen, Eichhörnchen, Tauben usw.), dürfen das ganze Jahr über gejagt werden; auf privaten Grundstücken sollte man allerdings den Landbesitzer um Erlaubnis fragen. Für die Jagd auf Wild braucht man zumeist einen Jagdschein, und fast alle Tiere sind während der Schonzeit gesetzlich geschützt.

Angenommen, man findet ein Tier, das gerade eines natürlichen Todes gestorben ist. Ein afrikanischer Buschmann würde sich hinsetzen, ein Feuer machen, kochen und sich satt essen. Dann würde er noch so viel mitnehmen, wie er tragen kann. Aber Vorsicht! Manch einer hat bei Tieren, die schon mehrere Stunde in der glühenden Sonne lagen, böse Überraschungen erlebt. Durch die Hitze bilden sich Gase im Magen. Wenn ihr also schneiden müßt, geht umsichtig vor. Achtet darauf, daß ihr den Wind im Rücken habt und den Gasen ausweichen könnt. Treibt mit ausgestrecktem Arm einen spitzen Stock in den Bauch des Tieres, und springt gleichzeitig zurück, um einer Gas- oder Flüssigkeitsexplosion zu entgehen.

Wie man ein Tier zerlegt, z. B. einen Ochsen

Das Schlachten von großen Tieren erfordert fachmännisches Können, das man sich nicht auf die schnelle anlesen kann. Aber es ist hilfreich, wenn man in etwa weiß, wie man vorzugehen hat, vor allem, wenn der nächste Metzger sehr weit entfernt ist.

Man kann das Tier natürlich einfach in Stücke hauen, aber falsches Schneiden beeinträchtigt die Fleischqualität. Es kann dadurch zäh und fasrig werden, wo es zart bleiben sollte. Einen ausgewachsenen Ochsen zu reinigen und zuzubereiten ist viel Arbeit, und man braucht wirklich eine ganze Menge hungriger Esser, damit es sich lohnt. Ein Rind, in Halbepfund-Portionen aufgeteilt, reicht aus, um fünfzig Leute eine Woche lang zu ernähren.

Laßt das geschlachtete Tier nicht in der Sonne liegen. Gleich nach dem Tod sollte es ausbluten und dann ausgenommen werden. Zum Ausbluten müssen die vier Hauptschlagadern am Hals geöffnet werden. Sobald die Adern offen sind, spritzt das Blut heraus. Das tote Tier kann sich dann noch in krampfartigen Zuckungen winden und dabei auch ausschlagen. Ich bin, was Blut betrifft, schon ein bißchen empfindlich und wurde bei seinem Anblick auch schon mal ohnmächtig, nie aber, wenn es wirklich darauf ankam!

Wenn man einen Ochsen ausnimmt, kann man ihn mit dem Kopf nach oben an einen Abhang legen, oder man hängt ihn an einen Baum. Er braucht nur so hoch zu hängen, daß man gut an ihm arbeiten kann. Hängt das Tier mit dem Kopf nach oben auf, wenn ihr die Haut behalten wollt; das ist auch beim Entleeren des Tieres günstig. Fürs Ausbluten ist es besser, den Kopf abzutrennen und das Tier umgekehrt aufzuhängen.

Schlitzt die Haut mit einem scharfen Messer über dem Bauch auf und achtet darauf, daß die Eingeweide nicht durchstochen werden. Legt einen Finger zur sichereren Führung auf die Spitze des Messers. Dann schlitzt das Fell vom Brustbein aus über den Bauch bis zwischen die Hinterbeine auf. Beendet den Schnitt kurz vor dem After. Dann schneidet einen Kreis um ihn herum, zieht ihn heraus, und bindet ihn mit einer Schnur fest ab (damit beim Reinigen kein Kot herausläuft).

Als nächstes wird die Bauchgegend enthäutet. Greift ein Ende der Haut, zieht sie mit einer Hand nach außen, und trennt sie mit der anderen Hand vom Körper. Nachdem der obere Teil des Bauches enthäutet ist, schneidet man tief in die untere Hautschicht des Unterleibes (wieder mit dem Finger auf der Messerspitze). Trennt die Genitalien ab, und entfernt den Talg und alles, was die Gedärme zusammenhält. Wenn die Gedärme gelöst sind, gleiten sie von selbst heraus. Als nächstes spaltet man das Brustbein (mit einer Machete), um Herz, Lunge usw. herauszulösen.

Laßt die Haut dran, wenn ihr nicht vorhabt, das Tier sofort zu zerlegen. Haltet die Brusthöhle mit einigen Stöcken offen und bedeckt das Ganze mit einem Moskitonetz, damit keine Fliegen drankommen. Bei Temperaturen unter 10° C läßt man das geschlachtete Tier mit dem Kopf nach unten für ein bis zwei Wochen hängen, bevor das Fleisch gegessen wird. Durch das Abhängen verbessert sich der Geschmack, und das Fleisch wird zarter. In wärmeren Gegenden sollte das Fleisch wenigstens einen Tag hängen, da ganz frisches Fleisch recht zäh ist. Leber und Nieren sind die einzigen Teile, die sofort verzehrt werden sollten. In den Tropen hängt man Fleisch überhaupt nicht ab.

Das Häuten geht direkt nach dem Ausweiden, wenn der Körper noch nicht kalt ist, am leichtesten. Schneidet das Fell rund um den Hals des Tieres, die Kehle herunter und zwischen den Vorderbeinen bis zum Bauchschlitz ein. Wo die Haut weich ist, läßt sie sich mit den Händen abziehen. An zähen Stellen trennt man sie mit einem Messer von der darunterliegenden Fettschicht ab.

Bei den Beinen schneidet man die inneren Seiten auf und zieht das Fell bis zu den Kniegelenken herunter. Trennt dann den unteren Teil der Beine an den Gelenken ab, und schneidet den Kopf ab, falls das noch nicht geschehen ist. Nun hackt man den Körper in offene Hälften und schaut sich genau an, wie die einzelnen Körperteile angeordnet sind. Das ist insofern wichtig, als kräftiges Muskelfleisch quer zur Faser geschnitten wird.

Nehmt in den Tropen alles Fleisch, das ihr kochen wollt, zur Seite, den Rest schneidet ihr in Streifen, die ihr zum Trocknen als Biltongue aufhängt (siehe auch am Schluß des Kapitels).

In Afrika wird nichts verschwendet. Auf Märkten bietet man z. B. sogar kleine Stücke von Kuhhäuten an, mit denen man Suppen würzt.

Nahrhafte Innereien

Hier sind einige Tips für die Zubereitung von Innereien; von Leber und Nieren will ich einmal absehen, denn deren Zubereitung ist weitgehend bekannt.

Herz – ausgiebig waschen, dabei das Wasser häufiger wechseln. Anschließend etwa eine Stunde in kaltem Wasser liegenlassen. Wasser abgießen, und das Fleisch trocken tupfen. Es schmeckt am besten als Eintopf mit Gemüse und viel dicker Soße oder gefüllt, bei mittlerer Hitze 2–3 Stunden im Ofen gebacken.

Lunge – Zunächst muß man die Luft mit einem Holzhammer oder einem flachen Stein aus der Lunge entfernen. Die Italiener kochen

Lunge mit Tomaten und weißen Bohnen. Bei den Franzosen gibt es sie als Eintopf (manchmal mit Blut eingedickt), und an der Elfenbeinküste benützt man wiedergekäutes Futter aus einem Kuhmagen zum Andicken der Soße.

Magen – Nachdem Magen oder Kutteln sorgfältig gereinigt wurden, läßt man sie in Milch und geschälten Zwiebeln köcheln oder schmoren und serviert sie mit heller Soße. Oder man schneidet den Magen in Scheiben und brät ihn mit Zwiebeln, Essig, Kräutern und Gewürzen.

Bries, Hoden, Bauchspeicheldrüse – Diesen Organen wird nachgesagt, daß sie Geist und Körper stärken. Bries gilt als Delikatesse. Probiert es in Brotteig gebacken oder mit Käse gegrillt. Hoden werden normalerweise gehäutet, in Scheiben geschnitten und in Butter sautiert.

Schwanz – Vor dem Kochen enthäuten und zerlegen. Gut für Suppen und Eintöpfe.

Hufe und Füße – Eine Minute lang in heißes Wasser legen, danach läßt sich das hornige Oberteil der Hufe entfernen. Den Fuß sollte man drei Stunden in Wasser oder Brühe köcheln lassen. Dabei löst sich das Fleisch vom Knochen. Kocht das Fleisch dann entweder in einer Soße weiter, oder bratet es in einem Teig aus.

Kopf – Maul und Ohren sorgfältig säubern. Schneidet das Ende der Nase ab, und entfernt die Nebenhöhlen. Fellige Köpfe wie von Schaf oder Löwe werden kurz über dem Feuer abgesengt. Alle Köpfe können gekocht werden, ohne daß die Haut vorher entfernt werden muß. Ein Kopf im ganzen läßt sich am besten in der heißen Asche unter einem Feuer backen. Eßt zunächst die dünne, äußere Fleischschicht, dann öffnet das Hirn.

Ein Kalbskopf (oder jeder andere, der in einen großen Topf paßt) kann auch ganz in Wasser gekocht werden. Er sollte aber vorher enthäutet und für etwa 12 Stunden in Salzwasser eingelegt werden; das Wasser zweimal wechseln. Dann in frischem Wasser spülen, und zum Kochen bringen. Schöpft den Schaum ab, fügt Gemüse hinzu, und laßt es zwei Stunden kochen. Dickt die Flüssigkeit zu einer Soße ein.

Ochsenmaul und Schweinebacken – Das Ochsenmaul schneidet man ab und kocht es separat. Vor dem Kochen, wie beim Kalbskopf beschrieben, in Salzwasser einlegen. Dann in Wasser kochen, und den Schaum abschöpfen. Fügt Gemüse hinzu, und laßt alles 3 Stunden lang köcheln. Die Soße macht ihr aus der Brühe.

Schweinebacken werden genauso zubereitet, aber nach dem Kochen werden sie erst enthäutet und dann gebacken.

Ohren – Schweineohren ißt man gebraten, gefüllt und gebacken oder nach dem Kochen in Scheiben geschnitten und geröstet. Man rechnet mit einer Kochzeit von ungefähr zwei Stunden.

Als ich eines Tages in Neuguinea zum Frühstück ein Schweineohr bekam, war es in Asche gebacken und wurde mit einem Krokodilei serviert. Man hatte sich wohl Mühe gegeben, mich an mein traditionelles, englisches Frühstück – ham and eggs – zu erinnern, aber ganz das war es doch nicht.

Hirn – läßt sich am einfachsten im Kopf des Tieres kochen, aber appetitlicher ist es auf andere Weise zubereitet. Damit es gelingt, sollte man es zunächst für ein oder zwei Stunden in Salzwasser einlegen und dann Haut und Fasern entfernen. Man gibt das Hirn zusammen mit einer kleingeschnittenen Zwiebel, etwas Essig oder Zitronensaft und viel Wasser in einen Topf, läßt es 15 Minuten leicht kochen, nimmt es heraus und läßt es trocknen. Dann schneidet man es in dünne Scheiben, bestäubt es mit gewürztem Mehl oder taucht es in einen Teig und brät es, bis es braun wird. Oder man läßt die Scheiben in weißer Soße mit etwas Zitronensaft köcheln. In Frankreich ißt man gern Spinat dazu. Die Indonesier kochen es in Kokosnußsoße.

Für einen Auflauf kocht man es nur kurz, zerkleinert und würzt es und rührt geschlagenes Ei darunter, damit das Ganze bindet. Dann erhitzt man die Mischung bis zum Eindicken, läßt es abkühlen und paniert es mit Eiern und Bröseln. Dann wird es goldbraun gebacken.

Zunge – über Nacht in eine Salzlake legen. Sie bleibt dann noch rosarot. Falls man sie länger einlegt, färbt sie sich graubraun. Man kocht sie mit viel Wasser und einigen Kräutern, schöpft den Schaum ab, läßt sie köcheln bis das Fleisch zart ist (zwei bis vier Stunden). Dann abkühlen lassen, die Haut abziehen, und den knorpeligen Teil entfernen. Legt die Zunge eng zusammengerollt in einen Topf, deckt sie mit Alufolie zu, und beschwert sie mit einem Gewicht, damit die Zunge heruntergedrückt wird. Laßt sie so erkalten. Zum Essen wird sie in dünne Scheiben geschnitten.

Hier noch einige hilfreiche, nicht allzu bekannte Tips zu verschiedenen Tieren:

Elefant

Wird ein so großes Wild getötet, bietet dies für alle umliegenden Dörfer eine besondere Gelegenheit für ein üppiges Festmahl. Von Europäern wird der Rüssel als Delikatesse geschätzt. Man behandelt ihn wie Zunge, kocht und häutet ihn nach Erkalten. Dann schneidet man ihn in dünne Scheiben und ißt ihn warm oder kalt.

Thomas Baines, ein früher Afrikaforscher, empfahl, auch die Füße zu essen. Folgendes Rezept fand man in seinen Tagebüchern: „Man gräbt ein großes Loch, macht darin ein Feuer, das so stark ist, daß alle Seiten gut erhitzt sind. Dann zieht man das Feuer auseinander. Den Vorderfuß schneidet man am Kniegelenk ab und legt ihn in das Loch, bedeckt ihn mit Glut und heißer Erde. Darüber wird ein neues Feuer entzündet, das die ganze Nacht über brennen soll. Am Morgen ist das Fleisch gar; am besten schmeckt es warm."

Känguruh

Auf australischen Straßen ereignen sich immer wieder Zusammenstöße von Autos und Känguruhs. Die Autos werden dabei häufig verbeult, während das Känguruh meist unverletzt davonhüpft.

Känguruhfleisch ist dunkel und hat einen intensiven Geschmack. Der Schwanz ist der beste Teil. Schneidet ihn quer zu den Wirbeln zu Steaks. Kocht ihn am besten mit einer üppigen dunklen Soße. Känguruhfleisch schmeckt ausgezeichnet in Eintöpfen und mit Curry zubereitet.

Löwe

Löwenfleisch ist rot. Es hat, da das Tier zur Familie der Katzen gehört, einen ganz eigenen Geschmack. Der Löwe wird wie ein Ochse ausgeblutet, gehäutet und ausgenommen. Wenn man das Fleisch langsam brät, schmeckt es wie Kalb.

Wildschwein

Ein aggressives Tier, aber sein Fleisch ist vorzüglich, vor allem in einem Erdofen gebacken.

Im Hochland von Papua-Neuguinea sind Schweine eine gebräuchliche Währung. Die dort ansässigen Stämme halten gigantische Schweinefeste ab, um ihren Reichtum zu demonstrieren. Dabei ist es nicht unüblich, bis zu dreihundert Schweinen zu schlachten. Bei einem dieser Feste sah ich die Tiere an einer langen Reihe von Pfählen festgebunden. Die Gäste aus dem nächsten Dorf spazierten herum, um die Schweine zu begutachten. Die Männer trugen große, pilzförmige Perücken aus Menschenhaar, die mit roten und gelben Strohblumen geschmückt waren. Dazwischen steckten Paradiesvogelfedern. Ihre Gesichter waren mit

Ich mit einem Huli, dessen bunter Kopfschmuck mit Strohblumen und Paradiesvogelfedern geschmückt ist (Papua-Neuguinea)

Ocker bemalt und zeigten auffallende Muster wie kräftige rote Ringe um die Augen und rotbemalte Nasen. Es sah grotesk aus, aber ich glaube, so war es auch gemeint. Dann wurde ein Schwein nach dem anderen mit der Keule erschlagen. Die Tiere wurden ausgeschlachtet und zerteilt. Das meiste Fleisch wanderte in einen

Erdofen (Mumu), zusammen mit Süßkartoffeln, roten Palm-
früchten (Pandanus) und saftigen grünen Blättern.

Schweine (Haus- und Wildschweine) müssen durch und durch
gar sein; Gefahr von Bandwürmern und Trichinen!

Hausschwein

Ausbluten und ausnehmen wie ein Rind, aber nicht häuten. Vor
dem Kochen könnt ihr die Borsten mit Feuer absengen. Reibt die
Schwarte vor oder während des Garens mit Salz und Fett ein,
damit sie schön knusprig wird. Beim alten Schwein ist die
Schwarte sehr dick, und wenn das Fleisch klebrig wirkt, ist es nicht
mehr frisch. Das Schwein wird in zwei Hälften zerlegt. Die
Hinterbeine lassen sich gut braten, die Rippchen am besten grillen
(Spareribs). Das Fleisch auf dem Schulterblatt eignet sich auch gut
zum Braten. Die Vorderbeine werden in Salzwasser gekocht.
Schneidet das dickere Fleisch am Ende des Rückens zu Koteletts
auf. Bauch, Hachsen und Kopf eignen sich für Eintöpfe und
Suppen. Schweinsbacken sind besonders delikat.

Denkt daran, den Braten kräftig mit Fett zu begießen, da dieses
Fleisch leicht austrocknet.

Gesalzene, dicke Schinkenscheiben halten sich in warmem
Klima etwa eine Woche ohne Kühlung (weniger lange, wenn es
sehr heiß ist). Man kann Schinken länger aufbewahren, wenn
man ihn mit Essig oder viel Salz einreibt und eine Woche kalt
lagert. Dann hält er einige Wochen.

Schaf und Ziege

In Afrika sind sich Schaf und Ziege ziemlich ähnlich, und das
Fleisch beider Tiere ist ziemlich zäh. Man muß es klopfen und
langsam erhitzen, um gute Ergebnisse zu erzielen. Eine willkom-
mene Abwechslung bieten Leber und Niere vom jungen Lamm

(bis zu drei Monaten alt). Auch das Bries ist eine Delikatesse. Kastrierte männliche Tiere schmecken besser als Ziegenböcke. Die Lende liefert das beste Fleisch zum Braten. Für nahrhafte Suppen nimmt man Kopf und Hals vom Zicklein.

Getrocknetes Fleisch

Afrikaforscher des letzten Jahrhunderts machten Fleisch haltbar, indem sie dünne Scheiben unter den Pferdesattel legten, während sie ritten. Durch die Hitze und den Schweiß des Pferde (Salz) wurde das Fleisch gepökelt. Nach dem Trocknen ergab es einen vorzüglichen Biltongue.

Das getrocknete Fleisch erhielt von den verschiedenen Siedlern unterschiedliche Namen: die „Voertrekking Afrikaans" nannten es *Biltongue*, die amerikanischen Siedler *Jerky*. Es wiegt nicht viel, ist nahrhaft und hält lange; ideal für Trecker. Man kann es in Geschäften kaufen, aber es läßt sich auch leicht selbst von größeren oder kleineren Tieren herstellen.

Man nimmt mageres rotes Fleisch oder schneidet das Fett ab (dicke Fettschichten werden ranzig). Das Fleisch wird in Richtung der Faser in lange Streifen, nicht dicker als 2,5 cm, geschnitten. Wenn das Fleisch sehr saftig ist, muß man das Blut ausquetschen, indem man es abwechselnd preßt und in Wasser taucht, bis es hell ist. Getrocknetes Fleisch ohne Blut ist nicht so nahrhaft, aber es verbindet sich wieder mit Wasser, wenn es mit einer Flüssigkeit gekocht wird. Fleisch, das mit Blut getrocknet wurde, verbindet sich nicht mehr damit, schmeckt aber besser.

Dann reibt man das in Streifen geschnittene Fleisch mit Salz und schwarzem Pfeffer ein und legt es für einen Tag in eine Salzlauge. Oder man erhitzt eine Lösung von je einem Eßlöffel Salz auf eine Tasse Wasser, bis sie zu dampfen anfängt und taucht das Fleisch eine Minute lang hinein. (Wer will, kann ein wenig Knoblauch, Essig oder Zitrone, Zwiebeln und Kräuter hinzufügen.) Das Fleisch färbt sich dabei gräulich. Nehmt es heraus, und streut schwarzen Pfeffer darüber. Pfeffer hält die Schmeißfliegen ab, wenn das Fleisch draußen trocknet. Man hängt die Fleischstreifen an einen warmen, trockenen Platz. Sonne und ein trockener Wind sind richtig für draußen, drinnen kann man die Streifen in einen Vorratsschrank mit Luftlöchern hängen. Da das Fleisch tropfen könnte, sollte man einen Teller darunter stellen. Das Trocknen dauert etwa vier Tage. Es ist trocken genug, wenn es sich leicht biegen läßt, ohne zu brechen. Wenn man Biltongue vor direkter Sonne und Feuchtigkeit schützt, hält es jahrelang. Man braucht es nicht zu kochen. Schneidet es mit dem Messer in dünne Schreiben, und kaut es, wenn ihr hungrig seid.

Gekochtes Fleisch läßt sich genauso trocknen und monatelang aufbewahren. Man schneidet das überschüssige Fett ab, und falls das Fleisch mit Fett zubereitet wurde, wäscht man es mit kochendem Wasser ab. Getrocknetes, gekochter Fleisch verbindet sich wieder mit Wasser, wenn man es erneut in einer Flüssigkeit kocht.

Auch rohes Fleisch läßt sich konservieren, indem man es über Nacht in einer Lauge aus Zitronen- oder Limonensaft, gemischt mit Salzwasser, einlegt. Rechnet pro Tasse Salzwasser mit zwei Tassen Fruchtsaft. Man schneidet das Fleisch in Scheiben oder Streifen. Durch die Zitronensäure wird das Fleisch praktisch gepökelt. Ich weiß nicht genau wie lange, aber es hält sicherlich jahrelang, wenn man es nach dem Einlegen trocknet.

Geräuchertes Fleisch

Überall auf dem Dorf ist es Tradition, Fleisch durch Räuchern zu konservieren. Dazu legt man das Fleisch auf einen Rost über einem rauchenden, schwelenden Feuer. Dort bleibt es einige Tage, wenn es gut haltbar sein soll. Die Dauer ist abhängig von der Intensität des Räucherns und der Größe des Fleischstücks. Räuchert man es, bis es sehr trocken ist, so hält es sich monatelang.

Enthält es aber noch Feuchtigkeit, kann man es etwa eine Woche lang aufbewahren.

Die zum Räuchern verwendete Holzart beeinflußt den Geschmack des Fleisches. Eiche, Apfel-, Birnen- und Kirschbaum ergeben einen wunderbaren Geschmack. Um einen aromatischen Rauch zu erzeugen, könnt ihr auch Maiskolben, Akazienzweige und Dornensträucher verbrennen. Um mehr Rauch zu produzieren, müßt ihr das Holz anfeuchten oder feuchtes Sägemehl beimischen.

Heute gibt es bereits vakuumgetrocknete, hitzegetrocknete und gefriergetrocknete Lebensmittel zu kaufen. Vakuumgetrocknetes und gefriergetrocknetes Fleisch nimmt zwar mehr Platz ein als hitze- oder luftgetrocknetes, verbindet sich aber schneller mit Wasser.

11. Kleinwild und Geflügel

Mit diesen Tieren kommt man leichter zurecht als mit denen im vergangenen Kapitel. Aber die Tatsache, daß ein Tier klein ist, bedeutet noch nicht, daß sein Fleisch auch zart ist. Man muß also auch hier das Alter des Tieres und die Jahreszeit berücksichtigen.

Kaninchen und Hase

Tötet das Kaninchen mit einem harten Schlag ins Genick, und nehmt es dann gleich aus. Hängt es zum Ausbluten auf. Bis ihr es braucht, kann das Tier an einem kühlen, luftigen und schattigen Platz abgehangen werden; dadurch wird das Fleisch zarter. Schneidet die Haut des Kaninchens mit einem scharfen Messer von der Brust über den Bauch und zwischen den Hinterläufen hindurch bis zum Schwanz auf. Schneidet vorsichtig, damit ihr die

Eingeweide nicht verletzt. Wenn die Bauchdecke geöffnet ist, können die Eingeweide leicht entfernt werden. Kippt sie einfach heraus.

Zum Enthäuten des Kaninchens schneidet man die Pfoten an den unteren Fußgelenken ab und schlitzt die Haut von der Rückseite der Hinterpfoten bis zum Schwanz auf. Dann wird der Schwanz abgeschnitten, die Hinterpfoten von der Haut befreit und diese über den Rumpf des Kaninchens gezogen. Haltet es an den Hinterpfoten fest, und zieht die Haut nach vorn bis zum Hals.

Jetzt durchtrennt man den Hals, entfernt den Kopf und zieht das ganze Fell über die Vorderpfoten nach unten ab. Die Bauchhaut kann einfach abgeschnitten werden. Wascht das Tier von innen und außen gut ab.

Wenn das Fleisch stark riecht, taucht es über Nacht in Essig und Wasser, dadurch wird ihm das Blut entzogen und das Fleisch wird heller. Außerdem schmeckt es dann besser. (Falls ihr in Eile seid, legt es für 1–2 Stunden in Salzwasser.) Helles Kaninchenfleisch ist am besten, wohingegen Hasenfleisch rot sein sollte.

Wenn ihr Kaninchen auf dem Markt kauft, sollte das Fleisch rosa sein und frisch aussehen. Weibliche Tiere schmecken besser als Männchen.

Trocknet das Fleisch ab, und zerlegt das Tier vor der Zubereitung. Junge Tiere lassen sich braten, müssen dabei aber ständig übergossen werden, da sie kaum natürliches Fett haben. Alte Kaninchen werden am besten mariniert und zubereitet wie zähes Fleisch. Kanincheneintopf schmeckt besonders gut, wenn ihr eine Tasse Apfelwein hinzugebt oder auch einen großen Löffel Erdnußbutter. Laßt den Eintopf 2–3 Stunden lang köcheln.

Eichhörnchen

Im Herbst sind Eichhörnchen fett und schmecken gut. Ältere Tiere sollte man einen Tag lang abhängen (nehmt die Innereien heraus, enthäutet es aber nicht, und hängt es am Hals auf). Enthäutet und nehmt das Eichhörnchen aus wie ein Kaninchen. Macht das Fleisch vor dem Kochen zart (siehe Kapitel 12), und kocht es in einer herzhaft gewürzten Soße. Junge Eichhörnchen können der Länge nach halbiert und über dem Feuer gebraten werden.

Meerschweinchen

In Peru werden Meerschweinchen gezüchtet und decken 50 Prozent des Fleischbedarfs im Land.

Schlachtet und bereitet es zu wie Huhn. Sie werden nicht gehäutet. Überbrüht das Fell und rupft es. Nehmt die Tiere aus, und halbiert es der Länge nach. Legt die Hälften vor der Zubereitung für zwei Stunden in Salzwasser. Gegrillt schmecken sie besonders gut.

Affe

Die Zubereitung von Affen wurde mir folgendermaßen erklärt: Zunächst macht man ein Feuer und wirft das Tier in die Flammen, um das Fell abzusengen. Das ist ziemlich grausig, weil ein toter Affe wie ein schlafendes Baby aussieht. Aber sobald die Flammen die Haut versengen, zieht sie sich zusammen, und das Gesicht bekommt einen bösartigen Ausdruck.

Nehmt das Tier aus dem Feuer, schneidet die Hände, Füße und den Kopf ab. Es lohnt sich nicht, das Tier häuten zu wollen, bei Affen ist das recht schwierig, und die Haut kann ganz gut schmecken. Nun wascht ihr das Tier, entfernt Magen und Eingeweide, behaltet nur Leber und Nieren. Dann schneidet es in Stücke, oder viertelt es.

Das Fleisch wird in Fett oder Öl mit Piment oder Zwiebeln gebraten. Solange es gut braun ist, gibt man etwas Wasser hinzu und läßt das Ganze eine Stunde köcheln. Je länger, um so besser, denn wenn es nicht lange genug gekocht wird – so wurde ich belehrt –, muß man das Fleisch von den Knochen abnagen. Mein Lehrer lächelte, als er mir dies erzählte, und zeigte mir dabei seine spitz zugefeilten Zähne.

Der Geschmack von Affe liegt zwischen Schwein und Schaf, hat aber einen sehr starken Nachgeschmack. Den kann man mildern, indem man das Fleisch vorher mariniert.

Opossum und Waschbär

Wenn ihr Zeit habt, hängt das Fleisch einen Tag lang ab. Säubert und enthäutet das Tier, und entfernt die Drüsen in der Mitte des Rückens sowie die an den Vorderbeinen.

Zerteilt das Fleisch in große Stücke, kocht sie kurz in Wasser, wechselt das Wasser, und läßt sie noch einmal kurz aufkochen.

Opossum auf dem Bug meines Kanus, der einen Krokodilkopf darstellt (Papua-Neuguinea)

Dann trocknet das Fleisch ab, und bratet es. Ihr könnt es auch in einem Eintopf kochen oder in feuchte Blätter gehüllt in einem Erdofen backen. Normalerweise werden Süßkartoffeln dazu gegessen.

Stachelschwein und Igel

Hängt das Stachelschwein zum Häuten mit weit ausgebreiteten Hinterbeinen auf, und schneidet die Haut am Bauch, da wo es keine Stacheln hat, auf. Dann zieht die Haut herunter, es geht ganz einfach. Öffnet dann den Unterleib, und entfernt die Gedärme. Bratet die Leber, sie ist mild und schmeckt sehr gut. Das beste Fleisch sitzt am Rücken.

Das Fleisch ist dunkel und sieht kräftig aus, es schmeckt aber wie eine Mischung aus Lamm und Schwein. Junges Stachelschwein eignet sich zum Braten, altes ist besser für Eintopf und Currygerichte. In alten Siedlerrezepten wird das Fleisch mit Kochbananen serviert empfohlen.

Der Einfachheit halber könnt ihr das ganze Stachelschwein auch mit den Stacheln ins Feuer legen; das gilt auch für Igel. Die Stacheln brennen ab. Anschließend grillt ihr das Fleisch über der Glut.

Wie schon beschrieben, könnt ihr die Tiere auch in feuchten Lehm einwickeln, der dann eine harte Kruste um die Stacheln bildet. Wenn das Tier gar ist und ihr den Lehm auseinanderbrecht, bleiben die Stacheln darin hängen, und ihr könnt mit dem Essen beginnen.

Frösche

Froschschenkel sind als Delikatesse bekannt. Einen Frosch fängt man am besten zu zweit, indem einer seine Aufmerksamkeit erregt und der andere ihn von hinten schnappt. Entfernt den Kopf des Frosches, und zieht ihm die Haut ab (sie enthält häufig Drüsen mit schädlichen Absonderungen), und enthäutet auch die Schenkel. Bratet die Tiere über dem Feuer. Die Hinterbeine schmecken am besten.

In vielen Ländern gibt es Ochsenfrösche: riesige Frösche von der Größe eines Huhns. Die Buschmänner von Botswana kennen eine geniale Methode, sie auszunehmen. Sie holen tief Luft, legen ihre Lippen an den Anus des Frosches und blasen so stark, daß Magen und Eingeweide des Frosches durch sein Maul austreten.

Die riesigen Ochsenfrösche bieten eine ziemlich große Menge proteinhaltigen Fleisches, das etwas nach Huhn schmeckt. Die Schenkel paniert man am besten und brät sie mit Butter und Knoblauch.

Salamander werden wie Frösche zubereitet und gegessen. Einige der großen (50 cm lang) können beißen!

Schnecken

Es gibt sehr viele verschiedene Arten von Landschnecken, fast alle sind eßbar. Sie lieferten den Menschen seit der Steinzeit proteinhaltige Nahrung. In Frankreich werden jährlich über 7 Millionen Kilogramm Schnecken konsumiert.

Damit Schnecken sich entleeren, legt man sie in einen Topf mit Salzwasser, bedeckt ihn gut und läßt die Tiere einen halben Tag in der Lake. Dann kocht man sie in frischem Wasser oder Wasserdampf, bis man sie aus ihrem Gehäuse herausholen kann.

Es gibt afrikanische Schnecken, die bis zu 15 cm lang sind. Hier ein Rezept von der Elfenbeinküste: Zerschlagt das Gehäuse mit einem Stein, zieht die Schnecke heraus, und nehmt sie aus. Entfernt die Luftröhre und Innereien, behaltet aber den Magen (ein langer heller Sack). Entfernt den Schleim von der Schneckenhaut, indem ihr sie mit Zitrone einreibt. Schneidet die Schnecken in Stücke, und legt sie mit Wurzelgemüse, scharfem Pfeffer, etwas

Wasser und dem milchigen Inhalt des Magens in einen Topf. Zwei Stunden auf schwachem Feuer kochen lassen.

Flußschnecken werden von Kennern auf folgende Weise gesammelt: Man watet durch die Wasserläufe und sammelt die Schnecken mit den Zehen auf. Flußschnecken kocht man, bis sie ihr Gehäuse verlieren, dann werden sie in Butter und Koblauch gebraten.

Die Zubereitung von Geflügel

Man schlachtet ein Huhn (oder jede Art von Geflügel), indem man ihm mit einer jähen Dreh- und Ziehbewegung den Hals umdreht. Wenn ihr bemerkt, daß die Halswirbel nachgegeben haben, hört auf, sonst reißt ihr den ganzen Kopf ab. Rupft das Tier, solange es noch warm ist. Zieht zunächst die großen Federn aus. Fängt das Tier wieder zu flattern an, so handelt es sich dabei nur um eine späte Reaktion der Nerven. Verliert nicht die euren, und rupft weiter!

Es ist schwierig, einen erkalteten Vogel zu rupfen. Müßt ihr es doch einmal tun, so legt ihn zuvor für einige Minuten in kochendes Wasser. Der Flaum wird nach dem Rupfen über dem Feuer abgesengt.

Schneidet und brecht die Beine an den Knien ab. Trennt den Kopf ab, indem ihr zunächst die Haut am Nacken entlang aufschneidet und die Halswirbel freilegt. Dann schneidet ihr das Genick unterhalb der Halswirbel ab, laßt dabei aber ein Stück der Halshaut stehen (hilft bei der Zubereitung).

Entfernt den Kropf, indem ihr mit einem Finger durch das Loch am Hals greift. Der Kropf ist ein harter, muskulöser Sack, voll mit kleinen Steinchen, die das Futter zerkleinern (entspricht unseren Zähnen). Dann legt das Tier auf den Rücken, schneidet ein großes Loch kurz vor dem Anus in die Haut, und nehmt die Eingeweide heraus. Aber paßt auf, daß die Gallenblase nicht dabei zerplatzt, da der Vogel sonst bitter schmeckt. Schneidet nun um den Anus herum, und nehmt ihn heraus. Leber, Nieren und Herz eignen sich für Brühe, als Füllung oder zur Soße. Wascht das Tier vor dem Zubereiten aus.

Suppenhühner können zusammen mit dem Federkleid enthäutet werden. Das geht schneller und einfacher als Rupfen. Oder aber ihr wickelt das Huhn mit Haut und Federn zum Backen in Ton ein.

Jüngere Tiere sind ideal zum Braten. Spießt das ganze Tier auf einen Stock, oder schneidet es der Länge nach durch, und drückt die Hälften zum Grillen oder Braten flach. Bratet zunächst die Schnittflächen an, damit das Fleisch saftig bleibt. Wenn das Fleisch selbst sehr mager ist, müßt ihr es während der Zubereitung mit Öl oder Fett oder einer interessanteren Flüssigkeit übergießen (siehe auch Kapitel 12).

Wildvögel

Vögel, die offiziell als Plage angesehen werden (z. B. Tauben), dürfen während des ganzen Jahres gejagt werden. Auf Privatgrundstücken braucht ihr aber die Erlaubnis des Besitzers.

Die Jagdzeit für Vögel ist der Herbst (während der Brutzeit sind sie im allgemeinen gesetzlich geschützt). Das Jagdrecht hat der Grundbesitzer.

Krähen – Eßt nur das Fleisch von Brust und Schenkeln. Der Rest schmeckt bitter. Enthäutet den Vogel, und legt das genießbare Fleisch über Nacht in Salzwasser (das macht es milder), oder mariniert es.

Im ländlichen England werden Krähen traditionell zu Pasteten verarbeitet.

Wasservögel – Bläßhuhn und Teichhuhn leben in Frischwasserteichen. Rupft (oder häutet) die Tiere, und verwendet sie in Eintöpfen. Wildente ist weniger fett und schmeckt besser als Hausente. Falls eine dicke Fettschicht unter der Haut sitzt, durchstecht die Haut während des Bratens mit einer Gabel und laßt das Fett ablaufen. Nach einem beliebten chinesischen Rezept wird die Ente mit einer Mischung aus Sojasoße, Honig und Eigelb eingerieben und dann über dem Feuer geröstet. Es schmeckt hervorragend!

Alle Vögel sind eßbar, aber wie bei allen übrigen Tieren auch, richtet sich der Eigengeschmack nach ihrer Nahrung. Vögel, die Fische fressen, schmecken nach Fisch. Bei Möwen ist der Beigeschmack besonders penetrant. Um den Fischgeschmack zu unterdrücken, kocht man den Vogel in Essig mit einem Löffel Senfsamen. (Ihr könnt den Essig auch mit etwas Wasser verdünnen, je nachdem, wie intensiv ihr ihn mögt.) Oder füllt den Vogel mit rohen Zwiebeln und Salz und/oder rohen Kartoffeln, die den Fischgeschmack aufnehmen, und bereitet ihn normal zu.

Jagdvögel

In gemäßigtem Klima hängt man Jagdvögel mit Eingeweiden und Federn für einige Tage am Hals ab. Das verbessert den Geschmack von Fasan, Reb- und Waldhuhn und macht ihr Fleisch zarter. Wenn ihr sehr hungrig seid, braucht ihr aber nicht so lange warten.

Hängt keine Wasservögel ab. Sie sind ölig und werden deshalb leicht ranzig. Wascht das Fleisch in sehr salzigem Wasser (fügt vielleicht auch Essig hinzu), wascht es dann mehrmals mit frischem Wasser, und spült es gut ab. Legt einen kleinen Beutel mit kalter, zerstoßener Holzkohle in das Tier. Nicht, damit es auch von innen brät, sondern weil das Fleisch dann süßer schmeckt.

Waldschnepfe, Schnepfe und Wachtel – brauchen nicht ausgenommen oder abgehängt zu werden; man muß sie nur rupfen, bevor man sie zubereitet. Wenn man die Innereien im Vogel läßt, bekommt er einen würzigeren Geschmack. Ist der Vogel gehäutet, sollte man das Fleisch am besten braten, sonst etwa 15 Minuten lang über dem Feuer grillen.

Taube, Wildtaube, Perlhuhn und andere Buschvögel – Hängt sie nach dem Töten einige Minuten lang mit dem Kopf nach unten auf, damit das Blut in den Kopf läuft. Währenddessen rupft ihr das Gefieder. Dann wird der Kopf abgetrennt und die Innereien ausgenommen.

Das Fleisch trocknet während der Zubereitung leicht aus. Bratet oder grillt die jungen Tiere unter gelegentlichem Übergießen, die älteren werden besser gekocht.

Kleine Vögel muß man weder rupfen noch ausnehmen.

Die Federn brennen ab, während ihr sie über dem Feuer zubereitet. Normalerweise lohnt es sich nur, Brust und Schenkel zu essen.

Was man über Eier wissen muß

Hühnereier – In Entwicklungsländern sind Eier oft faul. Auf einem Markt in Nigeria wollte ich einmal einige Eier kaufen. Ich nahm mir welche, aber die Marktfrau riß sie mir gleich wieder aus der Hand, schimpfte mich ärgerlich an und tauchte die Eier in eine Schüssel mit Wasser. Mir wurde klar, daß sie mich ausschimpfte, weil ich nicht ausprobiert hatte, ob die Eier noch gut waren. Frische Eier gehen im Wasser unter, während faule schwimmen. Meine schwammen alle. Die Frau lachte herzlich und wählte ein paar andere für mich aus.

Die Eier von Wildvögeln, deren Nester leicht ausgeraubt werden können, schmecken normalerweise nicht besonders gut. Vögel, die ihre Nester gut verstecken, legen zumeist auch sehr wohlschmeckende Eier.

Wenn ihr ein Loch ins obere Ende des Eis stecht, könnt ihr es aufrecht stehend in der Glut garen.

Straußeneier – sind sehr nahrhaft und sahnig. Ein Straußenei entspricht der Menge von 24 Hühnereiern, das sind beinahe 2 Liter Ei. Es schmeckt gut als Rührei. Oder kocht es in der Schale (öffnet dafür die Spitze, und setzt es in die Glut, bis es gar ist). Aber hütet euch vor den Straußen! Die Männchen sind aggressiv und greifen leicht an. Sie schlagen dabei mit dem Fuß aus, der mit einer Kampfklaue ausgerüstet ist, mit der sie einem den Bauch aufschlitzen können. Falls ihr nicht entkommen könnt, legt euch flach auf den Boden.

Leguaneier – gelten in Mittel- und Südamerika als Leckerbissen. Sie werden gebraten oder eingelegt.

Schildkröteneier (von Wasserschildkröten) – haben eine ledrige Schale. Die Eier schmecken gebraten besser als gekocht. (Die Eier von Landschildkröten schmecken nach Staub).

Krokodileier – sind so groß wie Enteneier, aber ovaler. Sie haben einen weißen Dotter und schmecken ähnlich wie Hühnereier.

Trockeneipulver – ist eine nützliche Proteinergänzung für Camper. Hitze- und kältegetrocknete Eier haben fast den gleichen Nährwert wie frische Eier. Ihr könnt Eipulver anstelle von frischen Eiern für viele Speisen verwenden, so z. B. besonders gut für Rührei oder Omelett.

Ein Dutzend Eier wiegt in Pulverform nur etwas mehr als 100 g.

Um Eipulver selbst herzustellen, teilt ihr Eiweiß von Eigelb. Schlagt das Eigelb, und gießt es auf ein mit Folie überzogenes Backblech. Trocknet es langsam bei schwacher Ofenhitze. Wenn es fast trocken ist, zerbröselt es, und läßt es dann weitertrocknen. Nachdem es ganz ausgetrocknet ist, wird es zu feinem Pulver zerstoßen und gut verpackt.

Gießt jetzt das Eiweiß in eine Schüssel, und schlagt es zu Eischnee. Gebt einen Teelöffel Weinstein (erhältlich in der Apotheke) hinzu, und schlagt weiter. Dann gebt ihr die Mischung

Ein Yak wird gemolken (Tibet)

dünn auf ein Backblech auf Staniolfolie und läßt sie ebenfalls langsam am Herd trocknen. Wenn das Eiweiß völlig trocken ist, wird es zu Pulver zerbröselt und getrennt vom Eigelb eingewikkelt. Hält man Trockenei vor direkter Hitze, Feuchtigkeit und Sonnenlicht geschützt, kann man es monatelang aufbewahren.

Bei der Verwendung nimmt man pro Ei einen großen Löffel Eigelbpulver, die gleiche Menge vom Eiweiß und verrührt beides mit 2–3 Löffeln Wasser. Laßt die Mischung 10 Minuten lang stehen, bis sie eindickt.

12. Fleischgerichte

Erfahrene Köche können dieses Kapitel gerne überschlagen und die allgemeinen Hinweise den Amateur-Urwaldköchen überlassen. Sie versäumen allerdings dann meinen vorzüglichen Erdnußbuttereintopf und die magenanregenden Fleischzartmacher.

Ein guter Eintopf

Camper ernähren sich in erster Linie von Eintöpfen, deshalb solltet ihr wissen, wie man sie lecker zubereitet. Weniger gutes und zähes Fleisch eignet sich für Eintöpfe. Schneidet das Fleisch gegen die Faser in Stücke. Geflügel und Kaninchen werden zerteilt.

Es gibt zwei Möglichkeiten, einen Eintopf zu kochen: Entweder ihr überzieht das Fleisch reichlich mit Mehl, bratet es an, fügt dann Wasser hinzu und laßt das Ganze ein paar Stunden lang köcheln. Oder ihr kocht Fleisch und Gemüse in einer Flüssigkeit, entnehmt, kurz bevor der Eintopf fertig ist, eine Tasse Brühe, verrührt diese mit einem Löffel Mehl und gießt sie in den Eintopf zurück. Der Eintopf kocht jetzt noch eine Weile weiter, wobei die Soße langsam eindickt.

Nach der ersten Methode zubereitet, schmecken Eintöpfe besser. Wird die Hitze allerdings zu stark, brennt die eingedickte Soße leicht an. Ich persönlich gehe dieses Risiko ein und bevorzuge die erste Methode. Ich brate das gewendete Fleisch mit gehackten Zwiebeln an, gebe Gewürze, verschiedene Gemüsesorten und ein paar Wurzeln oder einige Nüsse und Pilze hinzu und gieße dann das Ganze mit genügend Brühe oder Wasser auf. Wenn es kocht, bedecke ich den Topf mit einem Deckel und lasse alles 2–3 Stunden lang leicht sieden. Je zäher das Fleisch, um so länger muß es kochen. Man kann den Topf auch in die Reste einer Glut eingraben und mit Erde bedecken, damit der Eintopf über Nacht gart oder auch während des Tages, wenn ihr das Lager verlaßt.

Wenn euch die Brühe nicht sämig genug ist, dickt sie nach derselben Methode mit Mehl noch einmal ein, und laßt das Ganze wieder aufkochen. Falls ihr kein Mehl habt, könnt ihr als Ersatz auch Trockensuppen, stärkehaltige Pflanzen, Algen (z. B. Purpurtang), Kartoffelbrei (aus der Tüte) oder andere gestampfte Knollen oder Pfahlwurzeln verwenden. Kocht immer mehr, als ihr gerade braucht, denn aufgewärmt schmeckt Eintopf noch besser. Wenn ihr Eintopfreste erhitzt, sollten sie mindestens 3 Minuten lang stark kochen, um eventuelle Bakterien abzutöten, dann laßt das Ganze noch eine Weile leicht weiterkochen.

Wenn ihr euch hauptsächlich von Eintöpfen ernährt, solltet ihr verschiedene Rezepte entwickeln. Probiert beispielsweise mal Hülsenfrüchte aus, und macht ein „Chili con carne", oder verfeinert die Soße mit Tomatenmark, oder rührt etwas frisch geriebene Kokosnuß darunter. Kokos ergibt nach langem Kochen ein volles, leicht süßliches Aroma; das gleiche gilt für Erdnüsse. Nigeria ist bekannt für seinen Erdnußeintopf, bei dem man dem Grundgericht eine Handvoll zerkleinerter, frisch gerösteter Erdnüsse beigibt. Meine Spezialität besteht darin, einen Löffel grober Erdnußbutter hinzuzufügen, der dem Ganzen einen köstlichen, cremig-nussigen Geschmack verleiht.

Soßen

Das langweiligste Essen kann man mit einer interessanten Soße schmackhaft machen. Wenn ihr Fleisch anbratet oder schmort, erhaltet ihr ausgezeichnetes Fett, aus dem ihr eine Soße bereiten könnt. Laßt die knusprigen Teilchen, die sich beim Braten abgesondert haben, im Fett. Sie geben der Soße Geschmack. Ich schwärme für Bratensoßen! Rührt eine Einbrenne aus einem Eßlöffel Fett und der gleichen Menge Mehl. Damit könnt ihr praktisch jede Soße herstellen. Hier sind drei meiner Grundrezepte:

Nußsoße – Zunächst benötigt man Butter, Mehl und Brühe für die Grundsoße. Hinzu kommen noch grob gemahlene Nüsse, einige Rosinen, Zimt und Zitronensaft. (Paßt gut zu Huhn und hellem Fleisch.)

Süß-saure Soße – 4 Eßlöffel brauner Zucker, die gleiche Menge Essig, etwas Salz und ein halber Becher Hühnerbrühe werden in einem Topf zum Kochen gebracht. Dann vermischt man einen Eßlöffel Mehl mit einem Löffel Sojasoße und gibt das Ganze in die Brühe. Man kocht sie noch ein paar Minuten auf, bis sie sämig wird.

Barbecue-Soße – Für eine leicht Soße nimmt man zu gleichen Teilen Essig, Wasser und Tomatenketchup, etwas Zucker, Senf und/oder Worcestersoße und Gewürze. Laßt die vermischten Zutaten 5 Minuten lang leicht kochen.

Soßen zum Begießen von Fleisch

Mageres Fleisch mit sehr wenig Fett (z. B. Geflügel oder Kalb) sollte man während der Zubereitung begießen, damit es saftig bleibt.

Die einfachste Methode ist, das Fleisch mit geschmolzenem Fett zu begießen. Wenn ihr es in der Pfanne bratet, könnt ihr es einfach mit dem ausgetretenen Saft und Fett begießen.

Geschmolzene Butter mit Zitronensaft und zerkleinerten Kräutern eignet sich gut zum Übergießen, noch besser ist Sojasoße, vermischt mit Wasser und etwas Honig.

Die Soße zum Übergießen kann dünn- oder dickflüssig sein. Dickflüssiges bleibt besser am Fleisch hängen, man sollte es aber nur während der letzten halben Stunde verwenden, sonst brennt es an.

Hier einige wohlschmeckende Zusammenstellungen:
- Orangensaft, Orangenmarmelade, Worcestersoße, Essig, Kräuter und Gewürze
- Ananassaft, Tomatenmark, Sojasoße, Öl, Zitronenpulver und brauner Zucker
- Rotwein, Honig, Sojasoße und Ingwer
- Honig, Senf und Fruchtsäfte
- Zitronensaft, Öl, Wein und Weinessig, Worcestersoße, Knoblauch, Currypulver und Gewürze

Für die richtige Mengenzuteilung solltet ihr bei Zutaten wie Wein und Essig, Öl und Fruchtsäften etwa die gleiche Menge nehmen, von Sojasoße und Worcesterstoße aber nur ein Viertel davon. Kräftig würzen! Probiert, ob es nicht zu sauer ist.

Grillen am Spieß

Tiere mit zartem Fleisch, wie z. B. Geflügel, können am Spieß gegrillt werden. Das Tier muß zunächst ausgenommen und gereinigt werden. Rupft das Geflügel, und häutet die Tiere mit Ausnahme von Schweinen, Affen und anderen Tieren, deren Haut man mitessen kann.

Der zugespitzte Spieß wird durch das Tier getrieben. Der Körper soll gut ausbalanciert auf dem Spieß stecken, damit er sich gut drehen läßt. Bindet die Beine fest an den Körper, sonst brennen sie an.

Ein Schwein braucht am Spieß etwa 8 Stunden, ein Ochse einen ganzen Tag. Kleinere Tiere und Geflügel benötigen etwa eine Stunde.

Ich kenne eine Methode, bei der sich der Spieß von selbst dreht: Hängt das Geflügel an einer Schnur etwa 20 cm von der Hitze des

Feuers entfernt auf. Die Schnur wird an den Hinterbeinen befestigt, am anderen Ende an einem überhängenden Ast in ungefähr einem Meter Höhe. Je höher, um so besser. Feuchtet die Schnur an, damit sie nicht durchbrennt. Wenn die Schnur lang genug ist, bewegt der Wind das Geflügel, indem er die Schnur langsam auf- und wieder abdreht. Gebt ihr am Anfang einen Schubs. Falls nicht genügend Wind vorhanden ist, steckt etwas Flaches (z. B. Rinde oder eine Karte) oben in die Schnur, damit auch das kleinste bißchen Wind aufgefangen wird.

Gleichzeitig stellt ihr einen Teller unter das Geflügel, mit dem ihr den Bratensaft auffangen und das Tier übergießen könnt. Wenn ihr nur einzelne Teile des Geflügels über dem Feuer grillt, sengt zunächst die angeschnittene Seite rasch an, damit sich die Poren schließen und der Saft im Fleisch bleibt. Danach entfernt es ein wenig vom Feuer. Gebt kein Salz hinzu, es zieht den Saft heraus.

Zähes Fleisch

Zähes Fleisch und Lagerleben gehören wohl zusammen. Auf dem Land schlachten die Leute am liebsten alte und ausgewachsene Tiere, die ihnen nicht mehr viel nützen. Sie sind zäher als die jüngeren. Wenn das Land auch noch schlechte Weiden hat, ist das dort herangezogene Tier sowieso zäh.

In kleinen Dörfern wird dem Reisenden manchmal als Ehrerweisung ein Huhn angeboten. Dann kommt die Jagd: Ein in Panik geratener Gockel flattert durch die Gegend, verfolgt von bellenden Hunden und einer Horde kleiner Kinder, die Stöcke und Steine schmeißen. Ihr aufgeregtes Kreischen verliert sich in der Ferne, während der Gockel um sein Leben rennt. Nach etwa einer Stunde kehrt die wilde Jagdgesellschaft zurück, immer noch voll in Aktion, bis das Hähnchen vor Erschöpfung zusammenbricht. Sein Fleisch wird sicherlich nicht besonders zart sein.

Wie man Fleisch zart macht – Am einfachsten kocht man es als Eintopf oder schmort es. Je länger der Kochprozeß dauert, bzw. je langsamer gekocht wird, um so zarter wird das Fleisch.

Rohes Fleisch läßt sich durch Klopfen mit einem Stein oder einem hölzernen Schlegel zarter machen. Klopft das Fleisch kräftig von allen Seiten, um die Fasern aufzubrechen. Dann könnt ihr es grillen, braten oder kochen.

Die Papaya liefert ein hervorragendes Mittel zum Zartmachen von Fleisch. Kocht das Fleisch in Papayablätter oder in die Fruchtschale eingewickelt, und gart sie in einem Erdofen. Oder fügt einem Eintopf eine unreife Papaya bei. Habt ihr vor, das Fleisch zu grillen oder zu braten, dann legt es über Nacht in frisch gepreßten Papayasaft ein.

Ich glaube, kein Fleisch hält dem Papayasaft stand. Die Chinesen behaupten sogar, daß man gute Resultate erzielt, wenn man altes Geflügel einfach an einem Papayabaum aufhängt. Neuerdings bekommt man Papaya in Pulverform schon in einigen Supermärkten.

Eine andere Methode ist, das Fleisch zum Zartmachen in Marinaden einzulegen; dadurch wird es auch noch besonders delikat.

Marinaden

Marinaden stellt man aus einer Mischung von Säuren (zum Zartmachen), Öl (um trockenes Fleisch saftiger zu machen) und Gewürzen (als Geschmacksverstärker) her. Die Säuren sind im Essig, Wein oder den Säften von Zitrusfrüchten enthalten sowie in Apfelmost, Bier oder Joghurt. Als Fett kann man Butter, Margarine, Schmalz oder Bratenfett nehmen und als Gewürz Salz, Pfeffer (möglichst schwarz), Kräuter und vielleicht zerkleinerte Zwiebeln.

*Noch unbeschwert vor dem Start zu meinem großen Ritt
durch Papua-Neuguinea*

Hier ein Grundrezept:

1 Tasse Rot- oder Weißwein	etwas Salz und einige Pfeffer-
(oder ein Eßlöffel Essig)	körner
2 Eßlöffel Pflanzenöl	viele verschiedene Kräuter

Laßt das Fleisch in einer Schüssel mit der Mischung ziehen. In Kochbüchern ist häufig die Rede davon, daß man so viel Marinade braucht, daß das Fleisch bedeckt ist. Meiner Meinung nach ist das nicht nötig. Weniger Marinade reicht aus, wenn man das Fleisch ab und zu umdreht.

Ein dickerer Brocken Fleisch sollte über Nacht (8 Stunden) eingelegt werden, wohingegen kleinere Teile weniger lange brauchen.

Für streng schmeckendes Fleisch wählt man eine Marinade, die ihm einen anderen Geschmack geben; ist das Fleisch delikat, braucht man den Geschmack nur zu heben und würziger zu machen. Zu rotem Fleisch paßt dunkler Essig oder Rotwein, zu hellem eher klarer Essig, Apfelmost, Weißwein, Zitronensaft usw.

Mein Vorschlag für eine Rindfleischmarinade ist folgender:

1 Becher Rotwein oder Sherry (oder ein Eßlöffel Essig)	4 gehäufte Löffel brauner Zucker
2 Eßlöffel Pflanzenöl	einige Tropfen Worcestersoße
Orangenschalen in Streifen	Salz, Pfeffer und verschiedene Kräuter

Oder wie wäre es mit Pfirsich- oder Ananassaft, mit einem Becher Joghurt verrührt, dazu einige Zwiebeln, Knoblauch, Salz, Ingwer oder Chilipulver?

Oder ihr verrührt Apfelmost oder eine Dose Bier mit Orangenmarmelade, 4 Eßlöffeln Sojasoße, einem Eßlöffel braunem Zukker, einem Eßlöffel Senfpulver und etwas Salz und Ingwer.

Kalbs- und Lammarinaden gelingen gut, wenn man sie zu gleichen Teilen aus Öl und Zitronensaft herstellt und mit Kräutern und Salz abschmeckt.

Eine gute Marinade für Schweinefleisch:

1 Becher Ananassaft	1 Eßlöffel brauner Zucker
½ Becher Weinessig	1 Teelöffel Senfpulver
1 Eßlöffel Tomatenmark	1 Teelöffel Chilipulver
1 Eßlöffel Worcestersoße	Salz und Pfeffer

Das ist sehr schmackhaft und kann als Marinade, zum Übergießen oder als Soße verwendet werden. Die Mischung schmeckt besonders gut mit Sparerips.

Wenn ihr der Meinung seid, daß qualitativ minderwertiges Fleisch auch nur lieblos zubereitet werden kann, amüsiert euch vielleicht das folgende Menu. Es wurde für ein Mahl während der Belagerung von Paris im Jahre 1870 zusammengestellt. Ich glaube, das Bankett wurde im „Ritz" abgehalten, nachdem die Zootiere abgeschlachtet worden waren.

Le Grand Dîner Parisien

MENU

POTAGE:	Purée Crôuton-imperiale (Brotsuppe)

HORS-D'OEUVRES: Sardines Anté-Diluviennes
(Vorsintflutliche Sardinen)
Consommé de Tire-Fiacre
(Droschkenpferdesuppe)

ENTRÉES: Galantine de Mufles
(Spanferkel-Rüsselchen)
Andouillettes Boudins de Dada
(Hottegaul-Würstchen)
Rat à la Crapaudine (Rattenbraten)
Haricot de Chien (Hundeeintopf)
Cheval à la mode
(Pferd nach Art des Hauses)
Civet de Lapin de Gouttières
(Dachhase, wahrscheinlich Katze)

RÔTIS: Gigot d'Antelope (Antilopenkeule)
Mulet, âne, cheval (Maultier, Esel, Pferd)
Filet d'Eléphant (Elefantenfilet)

Die Gäste werden gebeten, ihr eigenes Brot mitzubringen.

13. Ungewöhnlich, aber eßbar

Es ist ja nicht so, daß wir alle die in Kapitel 10 und 11 erwähnten Tiere in der Kühltruhe des nächsten Supermarktes zu finden hoffen, aber jetzt wird es wirklich exotisch – wenigstens von unserem Standpunkt aus. In anderen Teilen der Welt sind die folgenden Tiere nichts Ungewöhnliches auf dem Speiseplan. Bringt ein bißchen Mut auf, wenn es darum geht, kulinarische Tabus zu durchbrechen. Vielleicht hilft es euch, wenn ihr euch überlegt, wie ein Eingeborener wohl reagieren würde, wenn man ihm Fischstäbchen vorsetzte.

Wasserschildkröte

Wasser- und Sumpfschildkröten fängt man mit Haken und Köder oder mit einem Netz. In Küstennähe und in tropischen Dörfern an großen Flüssen kann man sie auf dem Markt kaufen. Sie werden lebend zum Kauf angeboten und sind zu viert oder fünft mit einer Schnur durch ein Loch in ihrem Panzer zusammengebunden, mit dem Kopf nach außen. Alle fünf versuchen verzweifelt zu entfliehen, jede in ihre Richtung, und so hindern sie sich gegenseitig daran, auch nur einen Schritt vorwärts zu kommen. Es ist ein erschütterndes, gleichzeitig aber auch komisches Bild.

Die einfachste Art der Zubereitung ist, sie in die Glut oder einen Erdofen zu legen, eine Stunde lang zu garen und dann aus dem Panzer zu essen. Das beste Fleisch ist das an den Beinen und den Panzerrand entlang. Es ist weiß und schmeckt in etwa wie Schalentiere.

Landschildkröte

Die Landschildkröte wird mit dem Panzer rücklings in die Glut gelegt. Wenn sie gar ist, schlagt ihr den Panzer seitlich auf, und schält das Fleisch heraus. Das Innere besteht hauptsächlich aus Magen, aber dem Panzer entlang liegt eine dicke Schicht Fleisch. Das Fleisch kann mit Gewürzen gedämpft oder an Spießchen gegrillt werden. Es schmeckt ein wenig wie Hühnchen.

Gürteltier

Gesäubert und mit zerkleinertem Gemüse gefüllt, bäckt man es am besten in seinem Panzer. Man muß das Fleisch von Zeit zu Zeit übergießen, damit es nicht austrocknet.

Krokodil

Krokodilschwanz ist eine Delikatesse, das Fleisch ähnelt dem von Fisch und schmeckt nach Hummer.

Krokodile zu fangen ist nicht einfach. Erstens sind sie gepanzert und zweitens erstaunlich beweglich. Ich wurde einmal an Land von einem gejagt, und es rannte erschreckend schnell. Krokodile sind eigentlich nur an einer Stelle verwundbar, und die ist hinter dem Schädelknochen. Krokodile, die über zwei Meter groß sind, haben einen penetranten, muffigen Geschmack.

Mit den Sepik in Neuguinea ging ich nachts auf Krokodiljagd. Während der eine Mann den Einbaum auf den See hinauspaddelte, schlug der andere mit den Händen ins Wasser und rief dann, wobei er den Mund mit der gewölbten Hand bedeckte, ein merkwürdig klingendes „Nuark-Nuark" auf den See hinaus. Einmal hörte ich ein Krokodil mit demselben Nuark-Nuark-Laut antworten.

Die Männer benutzten einen starken Scheinwerfer, um die Krokodile auszumachen, die oft an der Wasseroberfläche schwam-

*Das Häuten von Krokodilen bei den Sepik
in Papua-Neuguinea*

men und uns beobachteten. Ich ließ den Strahl meiner Taschenlampe über den See gleiten und sah unzählige leuchtende Augen wie Galaxien roter Sterne. Sobald ein brauchbares Krokodil in Reichweite des Bootes kam, schleuderte der Jäger einen gekerbten Speer, der an einer Leine aus Buschfasern befestigt war, nach ihm. Im selben Moment begann eine Wasserschlacht. Das Tier wandt sich im Wasser, schlug um sich und ergriff dann die Flucht. Der Jäger ließ es ziemlich weit wegkommen, bevor er die Leine mit einem Ruck spannte. Dann ließ er es zappeln wie ein Angler seinen Fisch. Wir warteten, bis es müde wurde, dann zog er es seitlich ans Boot heran, und der andere Jäger versetzte ihm Hiebe mit der Machete.

Ihre Jagdmethode für den Tag empfiehlt sich nicht für Anfänger: Sie waten brusttief im See herum und versuchen, die Krokodile mit den Füßen aufzuspüren.

Das Krokodil taucht überall in den Mythen und Ritualen der Sepikbevölkerung auf. Während meiner dreimonatigen Bootsreise auf dem Sepikfluß, wurde ich Zeuge eines solchen Krokodil-Rituals: Es dauerte eine Woche lang und fand seinen Höhepunkt in einer Handlung, bei der den jungen Männern auf Rücken und Brust auffallende Muster in die Haut geritzt wurden, die Krokodilschuppen darstellen sollten. Ganz zum Schluß schnitten sie auch mir eine Schuppenkerbe in den Arm. Damit ließen sie mir die höchste Ehre zuteil werden, und ich trage die Narbe mit Stolz.

Wie man ein Krokodil enthäutet – Man dreht es auf den Rücken und schlitzt den Bauch mit einem scharfen Messer von den Vorder- zu den Hinterbeinen auf (nicht zu tief einschneiden, damit ihr die innere Bauchhaut nicht durchstoßt). Schlitzt dann die Haut entlang der hellen Innenseite der Beine auf. Schält die Haut vom Bauch ausgehend langsam in alle Richtungen, wobei ihr sie mit dem Messer vom Körper trennt. Es ist eine langwierige und mühselige Arbeit. Krokodiljäger schaffen das in 15 Minuten, aber ich habe über eine Stunde gebraucht.

Nach dem Enthäuten muß man das Krokodil ausnehmen. Öffnet die Bauchhöhle, und leert die Eingeweide heraus, ohne die Verdauungsorgane zu verletzen. Im Magen befinden sich hochgiftige Enzyme.

Die Zubereitung des Krokodils – Das beste Fleisch sitzt am Schwanz. Schneidet es in Scheiben und grillt es über dem Feuer. Den Rest des Fleisches kann man an Spießchen braten oder in kleinen Stückchen in Butter und Kräutern schmoren. Auch in Suppen und Eintöpfen schmeckt es gut.

Eidechse und Leguan

Wenn überhaupt, erwischt man sie am besten frühmorgens, wenn sie noch ganz verschlafen in der Sonne liegen.

Grillt sie über der Glut. Sie haben nur wenig Fleisch, und es lohnt sich nicht, sie weiter zuzubereiten. Nehmt euch einfach das bißchen Fleisch von Schwanz (schmeckt am besten) und den Beinen.

Schlange

Schneidet den Kopf mindestens 8 cm unterhalb des Halswirbels ab, weil sich die Giftdrüsen meistens genau hinter dem Kopf befinden. Bei einer Giftschlange solltet ihr sorgfältig prüfen, ob sie sich nicht selbst gebissen hat. Wenn ja, könnt ihr das Fleisch nicht essen. Schlitzt die Haut an der Unterseite des Tieres auf, und schält sie ab. Entfernt die Eingeweide, wascht die Schlange, und kocht sie in feuchte Blätter gehüllt im Erdofen.

Schlange in der Haut – Laßt das Feuer runterbrennen, und verteilt die Glut. Legt die Schlange zusammengerollt auf die Glut, bis die Haut leicht angesengt ist. Haltet sie dann mit einer Hand am Schwanz fest, und streift mit der anderen die Schuppen ab. Legt sie wieder zusammengerollt auf die Glut, bis sie gar ist. Vor dem Essen müßt ihr noch die Innereien entfernen.

Fledermäuse und andere Flugsäuger

Kleine fliegende Säugetiere werden wie Eichhörnchen zubereitet. Blutsaugende Fledermäuse werden von den Einheimischen in Südamerika gelegentlich gegessen, sind aber nicht unbedingt empfehlenswert. Unter den Flattertieren, die sich von Bananen und anderen tropischen Früchten ernähren, gibt es große Arten, die sich gut zum Essen eignen. Gebackene Fledermaus (ein Gericht aus Samoa) wird, nachdem das Tier enthäutet und gereinigt wurde, in einem Erdofen zubereitet.

Ratten und Mäuse

Ratten –, die sich nicht von Unrat, sondern von Pflanzen ernähren, haben gut eßbares Fleisch. Im afrikanischen Busch können Ratten so groß wie Kaninchen werden. Sie haben wenig mit den aasfressenden Stadtratten gemein.

Am einfachsten ist ihre Zubereitung, wenn man zunächst das Fell absengt, das versengte mit einem Messer abschabt, das Tier ausnimmt und sorgfältig wäscht. Dann entfernt man den Schwanz und die Füße, schneidet den Körper in Stücke und wässert diese eine Stunde lang, bevor sie gekocht werden. Der Kopf wird manchmal ganz mitgekocht oder mit einem Stein zerdrückt, um die austretende Flüssigkeit zum Andicken der Suppe zu verwenden. Salz das Fleisch und würzt es gut.

Feldmäuse – werden in verschiedenen Ländern gegessen. Nach einem einfachen mexikanischen Rezept werden sie gehäutet, ausgenommen und gesäubert und dann zu mehreren an einem Spieß geröstet. Ein Artik-Forscher empfiehlt sie gedünstet in Sahnesoße.

Raupen und Insekten

Raupen und Insekten, die sich ausschließlich von Pflanzen ernähren, sind gesund und nahrhaft. Merkwürdigerweise akzeptieren wir Krabben und Krebse, die Unratvertilger des Meeresbodens, nicht aber die Tiere, die die gleiche Funktion auf dem trockenen Land erfüllen. Im alten Rom wurden große Maden *(prionus corioranus)* als Delikatesse gehalten und gemästet. In Mexiko werden auch heute noch die Raupen des Dickkopf-Schmetterlings in Dosen verkauft. In Afrika sammelt man viele Arten von Raupen und ißt sie gekocht, gebacken, geräuchert oder in der Sonne gedörrt. Es gibt eine Spezialität der Khoikhoi (Hottentotten), die, wenn sie frisch geröstet ist, süß und cremig schmeckt. In Indien stellt man ein Chutney aus roten Ameisen her, indem man sie überbrüht und zusammen mit Chili und Salz zu einer Creme verrührt. In Sansibar wiederum stellt man einen Auflauf aus weißen Ameisen, Zucker und getrockneten Bananen her.

Baummaden – Am häufigsten werden Maden verzehrt, die unter der Rinde von abgestorbenen Bäumen sitzen. Sie schmecken ähnlich wie Krabben. Kocht sie in Salzwasser, und backt oder bratet sie anschließend. Vor dem Essen reißt man ihnen den Kopf ab und drückt die Eingeweide heraus.

Die Raupen, die sich in toten Sagopalmen entwickeln, sind bis zu fingergroß. Sie werden gewöhnlich nur in Wasser gekocht oder auf dem Feuer geröstet. Als ich sie das erste Mal aß, schmeckten sie mir nicht besonders; mit der Zeit habe ich mich daran gewöhnt. Aber mir blieb auch nichts anderes übrig, nachdem mir eine Frau eine ganze Schüssel voll dieser Raupen schenkte und mir erklärte, daß sie sie für mich gesammelt habe. Ich konnte es aber so einrichten, daß ihr Mann und ihre Kinder mitaßen.

Wanderheuschrecken und Grashüpfer – Die großen Heuschrecken enthalten dreimal soviel Protein wie Rindersteak und werden in vielen Teilen der Welt gegessen. Entfernt die Beine und Flügel, zieht dann den Kopf ab und alles, was daran hängt. Gebraten schmecken sie ölig. Würzt sie daher mit Essig, oder kocht sie in Curry. Grashüpfer kann man in Öl knusprig braten oder auf dem Feuer grillen und dann wie geröstete Nüsse essen.

Fliegende Ameisen – Für die ersten weißen Siedler in Rhodesien waren fliegende Ameisen eine Delikatesse.

Um sie zu fangen, braucht man ein weißes Laken, eine Schüssel mit Wasser und eine helle Lampe. Bringt die Lampe in der Nacht draußen an, und hängt das Tuch davor. Die Schüssel steht unter dem Tuch. Die Ameisen fliegen, vom Licht angezogen, gegen das Laken und fallen in die Schüssel. Im Wasser ertrinken sie nicht nur, sondern verlieren auch die Flügel und können nun ohne weitere Umstände zubereitet werden. Bratet sie in einer Pfanne über dem Feuer. Sie besitzen selbst genug Fett. Sie schmecken ähnlich wie in Butter gebratene Pilze.

Während einer Reise durch Papua-Neuguinea, als ich einmal frühmorgens in meinem Boot den Sepikfluß hinabtrieb, bemerkte ich mehrere Insektenschwärme, die dicht über der Wasseroberfläche schwirrten. Allmählich füllte sich die Luft mit immer mehr Insekten, bis ich schließlich von einer ganzen Wolke völlig eingehüllt war. Das Ende des Schwarms war nicht mehr erkennbar.

Die Tiere schauten aus wie graue Ohrwürmer mit Flügeln. Ich interessierte sie zum Glück nicht. Sie flatterten nur aufgeregt zwischen der Wasseroberfläche und ein bis zwei Meter darüber herum. Es war merkwürdig anzuschauen, wie sie immer wieder auf das Wasser zustürzten und mit einer flüchtigen Berührung an der Wasseroberfläche entlangglitten, um dann wieder nach oben zu flattern und das Spiel von neuem zu beginnen. Nach etwa zehn Minuten, der Schwarm hatte sich nicht im geringsten aufgelöst, geschah etwas: Die grauen Fliegen schienen zu ertrinken und andere fliegende Insekten schienen an ihrer Stelle zu entstehen. Ich war Zeuge ihrer Metamorphose.

Beim Gleiten über die Wasseroberfläche hatten sie ihre Häute aufgeschlitzt. Danach flatterten sie heftig, um sich von den grauen Häuten und den Flügeln zu befreien. Der Fluß wurde von den leeren Hülsen übersät, während die verwandelten, goldfarbenen Insekten neu erstanden, die lange gegabelte Schwalbenschwänze hinter sich herzogen.

Ich beobachtete hingerissen, wie sich die Luft mit diesen zierlichen Neuankömmlingen füllte. Die Sicht auf den Fluß war gleich Null, meinen eigenen Bootsbug nahm ich ganz unscharf als vage Linie in einer hellgelben Wolke wahr. Gelegentlich hörte ich das Platschen von Fischen, die hochsprangen, um einige der Insekten zu fangen, auch Vögel schossen herab, um sie zu jagen.

Am Abend dieses Tages war ich in einem Dorf zu Besuch. Zum Abendessen reichte man mir eine Schüssel gekochter Insekten – so geht das manchmal im Leben.

14. Fische und Schalentiere

Vor meinen Reiseerfahrungen war ich, was das Essen anbelangte, sehr heikel. Bis dahin aß ich keinen Fisch, weil ich Gräten nicht ausstehen konnte. Das änderte sich aber grundsätzlich, als meine Freundin Lesley und ich in einem Kanu den Kongo hinunterpaddelten. Unser Proviant bestand nämlich lediglich aus etwas Kaffee, Salz, Brot und einem Glas Marmelade – wir hatten beschlossen, uns von Fisch zu ernähren.

An unserem ersten Reisetag schenkte uns ein Einheimischer einen Fisch. Es fiel mir mehr als schwer, die Beherrschung zu bewahren, als der Fisch sich glitschig in meiner Hand bewegte. Schließlich legte ich ihn vor meinen Füßen ins Boot, und wir

Lesley schwimmt neben unserem Boot auf dem Kongo

fuhren weiter flußabwärts. Nach ungefähr zehn Minuten sprang mir der Fisch plötzlich zappelnd gegen die Beine. Ich schrie wie am Spieß und sprang auf. Unser Einbaum legte sich auf die Seite und rammte einen halb versunkenen Baum. Lesley verlor das Gleichgewicht und fiel ins Wasser. Das Kanu richtete sich wieder auf und trieb weiter. Ich konnte es nicht zum Halten bringen. Schließlich ergriff ich einen überhängenden Ast, der voller roter Ameisen war. Die Biester liefen mir die Arme hinunter und bissen fürchterlich. Dann kam Lesley angeschwommen und kletterte seitwärts ins Boot, und ich konnte den Ast endlich loslassen. In der Mittagszeit machten wir auf einer Insel mitten im Fluß Rast, um unseren Fisch zu braten. Sein Geschmack machte alle Schwierigkeiten, die er uns bereitet hatte, längst wieder wett.

Nach einigen Wochen beherrschten wir die Kunst des Kanufahrens recht gut. Es gelang uns hingegen nur äußerst selten, einen Fisch zu fangen. Wir hängten zwar Leinen und Angelhaken zwischen die Zehen, während wir gemächlich flußabwärts paddelten, aber unser größter Fang blieb ein Fisch, der zufällig aus dem Wasser in unser Boot sprang.

Jedoch in den sechs Jahren, die ich seit dieser Zeit unterwegs war, habe ich einige wichtige Erfahrungen über den Fischfang gesammelt.

Morgen- und Abenddämmerung sind die günstigsten Zeiten zum Fischen, auch die Zeit nach einem heftigen Regenschauer und während eines sich aufklärenden Himmels. Bei Nacht werden die Fische durch Fackelschein angezogen, an die Oberfläche gelockt und dann mit einem Netz gefangen oder einem Spieß erlegt. In unseren Breiten ist diese Methode des Fischen als unsportlich verpönt.

Ein Anfänger sollte sich zunächst einmal mit Angelhaken und Schnur begnügen. Eine Angelrute halte ich für überflüssig. Man nimmt ein Holzstück, befestigt daran eine Schnur und läßt diese durch die Finger oder Zehen gleiten. So spürt man sofort, wenn ein Fisch angebissen hat. Der Köder ist für passionierte Angler ein Thema ohne Ende. Am besten nimmt man, was an Kleintieren vorhanden ist: Grashüpfer, Raupen, Holzkäfer, Wespen oder auch die Innereien von Wild. Solltet ihr zu leidenschaftlichen Anglern werden, könnt ihr anhand des Mageninhalts eines gefangenen Fisches feststellen, was die Fische in dieser Gegend zu sich nehmen.

Mit einem Speer zu fischen sieht zwar recht chic aus, man benötigt dazu allerdings sehr viel Geschick sowie eine ganze Portion Glück – und sehr wahrscheinlich eine Ersatzmahlzeit. Wie fängt man aber nun einen Fisch mit dem Speer? In schlammigem Gewässer sticht man einfach zu. Barben, Karpfen oder Hechte vergraben sich nämlich an seichten und sumpfigen Stellen. Bei klaren Tümpeln ist die Strahlenbrechung durch die Wasseroberfläche zu berücksichtigen. Den Speer könnt ihr euch übrigens selbst herstellen. Dafür nehmt ihr einen starken und geraden Stock aus hartem Holz. Die Spitze wird über dem Feuer gehärtet. Bambusholz eignet sich besonders gut. In das Holz könnt ihr zusätzlich Kerben für Widerhaken schnitzen.

Einige Male habe ich sogar mit meinem Moskitonetz gefischt. Als Fischfalle in seichtem Wasser (Trichterform – leicht hinein und schwer wieder heraus), um winzige Fischwärme herauszuschöpfen, die man wie Sprotten röstet.

Eine Zigeunerin verriet mir einmal die klassische Kitzelmethode, mit der man eine Forelle fangen kann. Man hält in kalten, schnellfließenden Flüssen nach Forellen Ausschau, vor allem da, wo sich das Flußbett weitet und in ein Gewässer mit überhängenden Ufern mündet. Sobald ihr eine Forelle ausgemacht habt, bewegt ihr euch sachte vorwärts, damit der Fisch sich an euch gewöhnt. Wartet ab, wenn sich die Forelle versteckt hat, sie wird wieder zum Vorschein kommen. Wollt ihr zum Fang übergehen, streckt ihr die Hände hinter der Forelle ins Wasser, bewegt sie langsam am Schwanz vorbei und kitzelt die Vorderseite ihres

Bauches. Ihr solltet die Forelle mindestens eine Minute lang kitzeln, bevor ihr mit festem Griff zupackt und sie aus dem Wasser zieht. Übrigens kann man mit einer Polaroid-Sonnenbrille die Fische besser entdecken. Laßt sie aber nicht vor Aufregung ins Wasser fallen!

Wie man einen Fisch säubert

Die Innereien sollten bereits kurz nach dem Fang entfernt werden. Schneidet einen langen Schlitz in den Unterbauch und greift dann mit einem Finger ins Innere des Fisches, um die Eingeweide herauszunehmen. Normalerweise geht das ganz einfach. Behaltet den Rogen, falls einer da ist. Bei Plattfischen befindet sich der Magen direkt hinter dem Kopf. Schneidet um den Kopf herum, und zieht ihn mit den daranhängenden Innereien ab.

Man schuppt den Fisch am besten mit dem Messerrücken. Haltet mit einem Lappen das Schwanzende des Fisches fest und schuppt mit der anderen Hand, beim Schwanzende angefangen, gegen den Kopf zu.

Wenn ihr Fisch auf dem Markt kauft, solltet ihr darauf achten, daß die Augen glänzen und die Kiemen rot sind. Das Fleisch muß sich fest anfühlen. Drückt man einem frischen Fisch leicht auf den Leib, sollte die dabei entstehende Druckstelle schnell wieder verschwinden.

Fische aus stehenden Gewässern

Fische, die in schlammigem Wasser leben, haben häufig einen schlickigen Geschmack. So zum Beispiel Hecht, Karpfen, Schleien und Barben. Läßt man die Fische allerdings über Nacht in einem Eimer mit klarem Wasser schwimmen, schmecken sie besser. Das Wasser wird möglichst zweimal gewechselt, damit der Schlamm aus dem Fisch gezogen wird. Es gibt aber noch eine weitere

Möglichkeit, den Schlammgeschmack loszuwerden. Dazu schneidet man dem Fisch den Kopf und die Kiemen ab. Die sich im Nacken befindende Gallenblase darf auf keinen Fall durchstochen werden. Jetzt wird der Fisch beidseitig enthäutet. Man schlitzt dazu die Haut vom Kopf zum Schwanz hin den Rücken entlang ein und dabei beidseitig an der Rückenflosse vorbei. Diese wird herausgezogen. Nun schneidet man die Bauchhaut längs ein und kreisförmig um den Kopf und den Schwanz herum. Nehmt nun ein Stückchen Haut am Schwanzende des Fisches, und zieht die Haut vorsichtig ab. Haltet den Fisch (er muß naß sein) mit einem Tuch fest, oder taucht die Finger in Salz.

Der Fisch wird nun 2–3 Stunden lang in eine Wasser-Essig-Lösung (15 : 1) eingelegt oder auch in Salzwasser. Dadurch verliert der Fisch seinen schlammigen Geschmack. Er sollte aber trotzdem mit Kräutern oder sonstigen Gewürzen zubereitet werden, die ihm Geschmack verleihen. Man kann den Fisch auch 20 Minuten lang mit viel Salz und Kräutern kochen und den Sud abgießen, da er nochmals Schlamm aus dem Fisch herausgezogen hat. Serviert ihn mit einer separat zubereiteten Soße.

Empfehlenswert sind eine Buttersoße mit getrockneten Kräutern oder Zitrone, eine weiße Soße mit feingewiegter Petersilie, Sauerampferpüree, Hagebuttensoße oder auch Tomatenpüree.

Aale

Als Köder für Aale verwendet man mehrere Würmer und Wollfäden, die man an einer festen Leine oder Schnur befestigt. Diesen mehrfachen Köder wirft man ins Wasser und läßt ihn dort eventuell sogar über Nacht. Die Aale verfangen sich mit ihren Zähnen im wollenen Köder. Manchmal ist es außerordentlich schwierig, mit einem Aal an Land fertig zu werden, weil er sich wie verrückt hin und herwindet. Haltet ihn mit einem Tuch am Boden, und schneidet ihm den Kopf ab.

Sepik-Kanus in Papua-Neuguinea

Man häutet einen Aal im Ganzen vom Kopf zum Schwanz hin. Ist der Fisch sehr glitschig, taucht man die Finger in Salz. Wollt ihr gefüllten Aal machen, zieht die Haut nicht ganz ab. Nehmt den Fisch aus, und wascht ihn. Die Eingeweide befinden sich in der vorderen Hälfte. Danach gebt ihr die Füllung hinein und zieht die Haut wieder bis zum Kopf zurück.

Beim gekochten Aal wird die Haut vollständig abgezogen, die Innereien werden entfernt und der Fisch im Sud gegart. Eine andere Variante wäre, den Fisch in Stücke zu schneiden, diese in Mehl zu wälzen und anschließend goldbraun zu backen. Geräucherter Aal ist ebenfalls sehr verbreitet und wohlschmeckend. Hierzu wird der Fisch nicht enthäutet. Man nimmt ihn lediglich aus und legt ihn über Nacht in Salzwasser. Am nächsten Morgen wird er in kochendes Wasser getaucht und dann einige Stunden in den Rauch gehängt.

Der Seeaal ist ein Meeresfisch. Er wird in Scheiben geschnitten und gegrillt. In der freien Natur legt man den ganzen Fisch in Seetang und läßt ihn darin über offenem Feuer langsam garen.

Anregungen für die Zubereitung von Fisch

Wie auch immer ihr den Fisch zubereitet, achtet darauf, daß die Hitze zu Beginn so stark wie möglich ist. So bleibt der Saft enthalten, und der Fisch trocknet nicht aus. Danach wird die Hitze reduziert.

Mittelgroße Fische eignen sich besonders zum Grillen. Man nimmt einen Stock und steckt ihn durch das Maul zum Schwanz, hängt die einzelnen Fische über die heiße Glut und träufelt etwas Butter darüber. Gegrillten Fisch sollte man möglichst nicht auf einem Bratrost zubereiten, da Haut und Fleisch während des Garens leicht abfallen. Statt dessen empfiehlt es sich, den Fisch mit etwas Butter in Alufolie zu legen. Ihr könnt den Fisch auch in feuchte Blätter oder Seetang wickeln, um ihn danach in heißer Glut zu garen. Ich lege in ein solches Fischpaket immer noch Pilze, feingehackte Zwiebeln sowie verschiedene Kräuter. Ein Fenchelzweig zum Beispiel rundet den Geschmack ab. Es ist auch lecker, den Fisch mit Reisresten oder Paniermehl, vermischt mit Kräutern, Sellerie oder Zitrone, zu füllen. Um zu verhindern, daß der Fisch austrocknet, fügt man etwas Butter, Öl oder Flüssigkeit hinzu. Achtet darauf, daß die Enden der Folie dicht verschlossen sind. Nehmt reichlich Folie, damit die heiße Luft genügend Platz hat. Gart den Fisch 15 Minuten lang in der heißen Glut.

Fisch sollte man nie zu kräftig und mit zuviel Wasser kochen. Laßt ihn langsam weich dünsten, damit er seinen Eigengeschmack behält. Nehmt nur so viel Flüssigkeit, daß der Fisch gerade bedeckt ist. Ein halbes Kilo Fisch hat eine Garzeit von etwa 10 Minuten. Kleine Fische wie Elritzen werden in heißem Fett knusprig gebraten. Zum Schluß gibt man etwas Salz und Zitrone darüber.

Krustentiere

Taschenkrebse – findet man in felsigen Gewässern mit Gezeitenwechsel. Bei Ebbe halten sie sich in der Nähe von Seetang und Steinen oder in kleinen Felstümpeln auf.

Zum Kochen gibt man den Krebs in einen großen Topf mit kochendem Meerwasser und läßt ihn etwa 20 Minuten lang bei schwacher Hitze kochen. Gar ist er, wenn sich die Schale rotbraun verfärbt hat. Das beste Fleisch sitzt in der inneren Rückenspitze und in den Scheren. Die Scheren lassen sich leicht öffnen, wenn man die Sehnen durchtrennt.

Man kann das Krebsfleisch mit Gewürzen, Paniermehl, Zitronensaft, einer französischen Marinade oder mit Mayonnaise und Petersilie vermischen.

Hummer – verstecken sich gern in Steinspalten. Man kann nach ihnen tauchen oder sie mit der Angel mit einem stark riechenden Fleischköder hervorlocken. Habt ihr einen an der Leine, zieht ihn ganz vorsichtig und langsam an. Ihr solltet auf jeden Fall ein Netz zu Hand haben, weil der Hummer den Köder an der Wasseroberfläche ziemlich sicher loslassen wird.

Und so wird der Hummel zubereitet: Mit einer Messerklinge stößt man von oben durch das Gehirn. Dann werden Kopf, Hinterteil und Schwanz aufgeschnitten und der Hummer in zwei Hälften geteilt. Jetzt wird der Magen, der sich dicht hinter dem Mund befindet, entfernt. Dann nehmt den Darm mit einem Messer heraus (eine dunkle, dünne Linie, die durch den Schwanz führt). Die Leber ist genießbar sowie, bei weiblichen Hummern, der Rogen.

Wollt ihr einen Hummer auf dem Markt erstehen und auf seine Frische hin prüfen, zieht ihm den Schwanz gerade. Wenn er sich nicht zurückbiegt, ist der Hummer nicht mehr frisch.

Die zwei Hummerhälften würzt man mit Salz und Pfeffer und fügt Butterflocken und Zitronensaft hinzu. Der Hummer kann jetzt in der Schale über einem Feuer gegrillt werden. Das Fleisch ist nach etwa 15 Minuten gar. Zum Schluß werden die Schalen für einige Minuten gewendet. Sind sie rot, ist der Hummer gar.

Einfacher ist es, den Hummer in einem großen Topf mit festschließendem Deckel in Salzwasser zu kochen. Laßt ihn in nur leicht siedendem Wasser je nach Größe 20–45 Minuten ziehen.

Krabben und Garnelen – findet man sowohl in Süß- wie auch in Salzwasser. Salzwasser-Krabben sucht man bei Ebbe am Meer. Sie halten sich aber auch in sandigen Flußmündungen auf. Um sie zu fangen, zieht man ein Netz unter der Wasseroberfläche auf dem sandigen Boden entlang. Krabben werden 5 Minuten in nur leicht siedendem Wasser gekocht. Man serviert sie, sobald die Schalen sich rosa färben.

Ich bin einige Monate die Transkeiküste in Südafrika entlanggeritten. Ich hatte dort ein Erlebnis, an das ich immer erinnert werde, sobald ich an Schalentiere denke. Die Landschaft war karg. Es gab keine Küstenstraße und nur wenige Menschen. Aber Schalentiere gab es mehr als genug. Entweder kaufte ich sie einheimischen Fischern ab, oder ich suchte sie mir selbst. Das war eine schöne Beschäftigung, während ich an einer Flußmündung auf den Gezeitenwechsel wartete. Um mit dem Pferd gefahrlos die Flüsse durchschwimmen zu können, mußte ich auf Ebbe warten.

An manchen Tagen ernährte ich mich ausschließlich von Schalentieren. Das Pferd (das glaubte, alles fressen zu können, was ich aß) stahl eines Tages eine Portion Garnelen, kaute darauf herum und spie sie schließlich wieder aus. Die Grimasse hättet ihr sehen müssen!

Weichtiere

Am schmackhaftesten sind Miesmuscheln, Austern und Venusmuscheln. Hütet euch jedoch vor Muscheln aus schmutzigem Wasser oder aus der Nähe von Kloaken. Die europäische Regel aus

Ich und mein Kanu

guten alten Zeiten, Muscheln nur in Monaten zu sammeln, die ein „R" in ihrem Namen haben, gilt auch heute noch; einerseits, weil die Monate ohne „R" in die Laichzeit fallen, andererseits, und das ist sehr wichtig, weil bei sommerlichen Temperaturen vermehrt Bakterien im Wasser auftreten. Die Muscheln könnten also giftig sein.

Woran erkennt man genießbare und ungenießbare Muscheln? – Zunächst einmal nimmt man alle Muscheln, deren Schalen bereits geöffnet bzw. nicht fest verschlossen sind, heraus. Danach wird ein zweites Mal sortiert. Nun setzt man die Muscheln einige Minuten lang der Sonne aus oder legt sie über schwaches Feuer.

Dabei öffnen sich die Schalen. Alle jetzt noch verschlossenen Muscheln wirft man ebenfalls weg. Oder man klopft auf die frisch geöffnete Schale. Schnappt sie zu, ist die Muschel in Ordnung, bleibt sie offen, werft sie auch weg. Danach schrubbt sie gründlich, und laßt sie über Nacht in sauberem Salzwasser liegen, damit die Organe durchspült werden. Tote oder verendende Schalentiere können starke Übelkeit hervorrufen.

Miesmuscheln – gibt es in Mengen am Meer. Sie hängen in ihren schwarzen und violetten Schalen an Felsen und Steinen; es gibt sie aber auch in Süßwassertümpeln.

Die meisten Weichtiere bereitet man am einfachsten auf einer Lage feuchten Seetangs auf offenem Feuer zu. Mit einer zweiten Tangschicht werden sie bedeckt, damit der Dampf nicht entweichen kann. Ebensogut kann man sie in Wasser oder Apfelwein kochen oder in einer hellen Soße mit Sauerampferpüree. Muscheln, die nicht für den sofortigen Verzehr gedacht sind, legt man für einige Tage in kaltes, gesalzenes Wasser.

Austern – Diese Delikatesse sieht man heute nur noch selten. Man findet sie bei extremer Ebbe zumeist in Gruppen an wilden, felsigen Küsten. Sie sind an ihrer unebenen Oberfläche zu erkennen. Nachdem die Auster geöffnet ist, ißt man sie roh (schlürfen, nicht kauen!). Man kann sie auch kurz aufkochen oder mit Gewürzen, etwas Butter und Zitrone rösten.

15. Eßbare Pflanzen

Hier werden nur die Pflanzen aufgeführt, die es wert sind, gesammelt zu werden, und die auch ausgezeichnet schmecken. Es gibt noch viele mehr, aber sie sind zu dürr und fad im Geschmack, als daß es den Aufwand lohnte, sie zu sammeln.

Wie man sie erkennt

In einem gut illustrierten Handbuch nachzuschlagen ist natürlich die sicherste Methode, die eßbaren Pflanzen ausfindig zu machen. Für gemäßigte Klimazonen gibt es genügend solcher Bücher auf dem Markt. In sehr abgelegenen Gegenden aber ist man oft darauf angewiesen, ein Zweiglein oder ein Kraut abzubrechen und Einheimische um Rat zu fragen. Schaut euch außerdem genau an, was dort auf den Märkten verkauft wird. Beobachtet, was andere Leute kaufen (und auch, was sie bezahlen!).

Es ist falsch, zu glauben, daß das, was Vögel und andere Tiere essen, auch für uns genießbar wäre. Meistens ist es ja tatsächlich so, jedoch noch lange nicht immer. Habt ihr Zweifel, so nehmt eine kleine Menge der Pflanze zu euch, etwa einen Teelöffel voll, und wartet danach sechs Stunden auf eine eventuelle Reaktion. Stürzt euch nicht auf eine ganze Mahlzeit, bevor ihr die unbekannte Pflanze nicht mindestens zweimal probiert habt. Es gibt Pflanzenfamilien, die sowohl eßbare wie auch giftige Pflanzen umfassen. Man kann also nicht von einer auf die andere Verwandte schließen. Eßt lieber nichts, wenn ihr euch nicht ganz sicher seid.

Wo man keine Pflanzen sammeln sollte

Pflückt keine Pflanzen vom Rand heftig befahrener Straßen. Die Auspuffgase verderben den Geschmack und vergiften die Pflanzen. Pflückt auch nichts von Feldern, die mit Insektiziden, Unkrautvernichtern oder Kunstdüngern verpestet wurden. Chemische Sprühmittel werden auch auf benachbarte Felder geweht. Vermeidet auch Pflanzen, die in verschmutztem Wasser wachsen, da Pflanzen in erster Linie aus dem Wasser selbst bestehen, das sie zu sich nehmen. Zu diesen Gewässern gehört das Wasser, das aus den chemisch behandelten Feldern abfließt, Wasser unterhalb von

Dörfern und Städten, versumpfte Schwemmgebiete in der Nähe von Kloakenabflüssen.

Salat ist gesund

Rohe Pflanzen sind gesünder als gekochte. Die meisten eßbaren Pflanzen, die den Winter über grün sind, so wie Kresse, eignen sich für Salate. Wildwachsende Pflanzen haben oft eine harte Oberfläche und sind manchmal faseriger als die kultivierten Sorten. Nehmt also nur die jungen und zarten Pflanzen und Pflanzenteile möglichst vor der Blütezeit. Wascht sie gut.

Das Geheimnis eines guten Salats liegt in der Kombination verschiedener Geschmacksrichtungen: süß und sauer, bitter und bitter-süß, würzig-scharf und saftig-kühl. Verwendet immer mehr von den milden Zutaten, weniger von den scharfen. Auch Blattstruktur und Farbe spielen eine Rolle. Besteht der Salat hauptsächlich aus Grünzeug, so versucht es einmal mit jungen Blättern und Schößlingen der Bachbunge, Vogelmiere, Klette, Gänseblümchen, Löwenzahn oder Knoblauchshederich. Als Farbtupfer streut man die Blüten der roten Taubnessel, der Ringelblume oder des Löwenzahn darüber.

Spinatartiges Grünzeug

Diese Pflanzen brauchen kein extra Wasser zum Kochen. Gebt sie einfach nach dem Waschen noch feucht in einen Topf, und salzt sie leicht. Nehmt genügend Blätter, denn sie kochen sich zu einer erstaunlich geringen Menge zusammen. Bedeckt den Topf, und laßt alles 5–10 Minuten lang kochen. Schneidet die Blätter dann klein, und gebt ein bißchen Butter dazu. Manche Spinatarten sind zu bitter. In diesem Fall müßt ihr die Mittelrippen der Blätter herausreißen, bevor ihr sie kocht, oder aber ein bißchen Zucker oder cremige Zutaten wie Nußbutter oder weiße Soße zugeben.

Löwenzahn (taraxacum officinale) – er wird bei uns nicht so oft verwendet. In den USA, in Frankreich, Italien und Japan wird er angebaut und hochgeschätzt. Löwenzahn enthält fast soviel Vitamin A und C wie Orangen. Kocht ihn zusammen mit Nesseln und Sauerampfer, und fügt einige Tropfen Zitronensaft hinzu – besonders gut ist das Gemüse mit gebratenem Speck, auch als Salat. Auch die Wurzeln können gewaschen und geschnitten für Eintöpfe verwendet werden. Geröstet ergeben sie Kaffee-Ersatz.

Gänsefuß (chenopodium album) – liefert den Menschen in Europa schon seit der Steinzeit pflanzliche Nahrung. Seine Blätter schmecken sowohl roh als auch gekocht, und ganz hervorragend sind sie mit einer süß-sauren Soße. Seine glänzenden, schwarzen Samen schmecken ähnlich wie Buchweizen und können grob gemahlen zu Porridge verkocht werden.

Guter Heinrich (chenopodium bonus henricus) – sieht aus wie Gänsefuß, nur mit breiteren Blättern. Außer der Wurzel ist die ganze Pflanze eßbar. Der geschälte Stiel und die jungen Schößlinge kann man wie Spargel kochen, die Blätter wie Spinat. Die Blütenähre kann ich als Gemüse empfehlen.

Nessel (urtica) – Eßbar ist die rote und gelbe Taubnessel sowie die Brennessel, die am besten schmeckt. Nach dem Kochen brennt sie auch nicht mehr. Zigeuner empfehlen im Frühjahr eine Blutreinigungskur mit Brennessel. Und so schmeckt sie auch sehr gut: Man kocht sie in ein wenig Wasser, gibt dann Haferflocken dazu und läßt das Ganze fünf Minuten lang weiterkochen. Abseihen, kleine Stückchen gebratenen Speck und feingehackte Zwiebeln untermischen, mit Kräutern und Gewürzen versehen, alles gut vermischen, dann ein Ei unterrühren und, zu flachen Frikadellen geformt, ausbacken.

Sauerampfer (rumex acetosa) – wächst überall auf Wiesen und in Wäldern. Nehmt nur die zartesten Blätter. Eigentlich sind sie zu sauer, um roh gegessen zu werden, aber Leute auf dem Land kauen sie oft als Durstlöscher. Sauerampfer ist sehr gut in Frühlingssuppen oder gemildert in hellen Soßen und mit Tomaten. Bevor sich die Zitrone allerorts durchgesetzt hatte, aß man Sauerampfer zum Fisch.

Okra oder Rosenpappel (hibiscus esculentus) – wurde seit mehreren tausend Jahren in Ägypten kultiviert und wächst in tropischen bis wärmeren, gemäßigten Zonen. Die Blätter ergeben einen guten Spinat. Die unreifen Samenhülsen kann man kochen und pulverisieren und damit Suppen oder Eintöpfe andicken. Gut sind sie aber auch wie Spargelgemüse zubereitet. Die reifen Samen eignen sich als Kaffee-Ersatz.

Amarant – Wurde von den Aztekten kultiviert und wächst in Afrika, Asien und in beiden Amerikas. Hervorragend als Gemüse. Erntezeit, wenn sie Samen tragen.

Seesimse (typha latifolia, t. augustifolia) – Sucht im Frühjahr nach den jungen Blättern, zieht die inneren nach oben, so daß sie sich von der Wurzel lösen. Der untere weiße Teil eignet sich, roh gehackt, für Salat. Die junge Wurzel ist saftig und süß. Zieht eine Wurzel heraus, und ihr habt gleich ein paar in der Hand. Die knollenartigen Verdickungen sind ebenfalls eßbar. Haltet sie feucht, denn sie trocknen leicht aus. Sammelt die Blütenstände und bereitet sie wie Maiskolben zu: in viel Butter kurz anbraten. Selbst die gelben Pollen, die nach dem Verwelken der Blüten übrigbleiben, könnt ihr abschütteln und als Mehl benützen. Sehr gut schmecken sie in Pfannkuchen- oder Fritierteig gemischt.

Klette (arctium majus, a. minus, a. lappa) – wächst in ganz Europa, Asien und Nordamerika wild. Man findet sie zumeist am Waldrand und entlang an Feldern und Wegen. Die kräftigen Stengel sind vor der Blüte am besten. Schneidet sie weit unten ab, schält sie und kocht das Gemüse, bis es weich ist. Die jungen

Blätter können gekocht oder im Dampf gegart werden. Die jungen Schößlinge eignen sich zum Salat.

Queller (salicornia europaea) – Die Pflanze erinnert mit ihren saftigen Blättern und ihrem merkwürdig gekrümmten, knolligen Stamm an eine Topfpflanze. Sie wächst an den Küsten Nordeuropas und Nordamerikas. Traditionell ißt man Queller, nachdem man ihn in ungesalzenem Wasser gekocht und in Butter getaucht hat, mit den Fingern und zieht mit den Zähnen die Blätter und weichen Teile der Pflanze ab.

Bambusschößlinge – Nicht nur Riesenpandas lieben sie! Erntet sie jung, wenn sie noch nicht über 50 cm hoch sind. Legt sie 10 Minuten lang in die Glut, und zieht die äußere verbrannte Schicht ab. Sie schmecken ausgezeichnet!

Sellerieartige Gemüse

Gespenstergelbdolde (smyrnium olusatrum) – wächst in Europa und Nordamerika auf feuchtem Boden. Die ganze Pflanze riecht wie Sellerie und sieht auch wildem Sellerie ähnlich. Schneidet die Stengel möglichst weit unten ab, denn der saftigste Teil ist ganz unten. Schält die Stengel, und wascht sie. Im Frühjahr können die jungen Blätter in Salate gemischt oder als Frühlingsgemüse zubereitet werden. Die geschlossenen Blütenknospen werden 5 Minuten lang gekocht und schmecken gut in Salaten, die Wurzeln kann man anbraten oder in Suppen mitkochen.

Fenchel (foeniculum vulgare) – gedeiht in Küstennähe und auf offenen Grasflächen in Europa, Amerika und den gemäßigten Zonen Asiens. Kann mannsgroß werden. Die griechischen Athleten aßen Fenchel, um ihre Vitalität und Ausdauer zu stärken. Eßt die fleischigen Blätter der Knolle roh oder gekocht. Die jungen Stengel können wie Spargel gegessen werden. Nehmt die Blätter als Fischgewürz. Einige Stengel im Feuer verbrannt, auf dem Fisch gegart wird, heben den Eigengeschmack und verleihen ihm zusätzliche Würze.

Fenchelsamen sollen Depressionen heilen.

Anstelle von Kartoffeln

Kohlehydrate (stärke- und zuckerhaltige Pflanzen) geben dem Körper Energie und sollten die Hälfte der Essensmenge ausmachen. Die andere Hälfte teilt sich auf in Proteine, Öle und Vitamine. Wir im Westen nehmen Kohlehydrate hauptsächlich in Form von Kartoffeln zu uns. Im Osten ist es der Reis. In den Tropen sind Kartoffeln teuer und schwer erhältlich, doch gibt es Alternativen, die z. T. gesünder sind und ebenso wohlschmeckend. Diese Pflanzen kann man wie Kartoffeln kochen, backen, rösten, braten oder zu Püree verarbeiten.

Yams und Taro – Diese beiden Wurzeln sind am weitesten verbreitet. Es gibt von ihnen über hundert Varianten, die sich in Farbe, Form und Geschmack unterscheiden. Sie können weiß, gelb, rosa, orange, süß, bitter, knollenförmig, herzförmig oder stachelig sein. Bei einem Yams-Fest in Neuguinea sah ich Knollen, die zwei Meter lang waren, und es soll schon Wurzeln gegeben haben, die die doppelte Länge erreicht haben. Der Anbau von Yams ist dort Männerarbeit und wird im geheimen ausgeführt. Nach der Ernte werden die Knollen mit Federn geschmückt und mit Masken und Gesichtern verziert vorgeführt.

Cassava (auch Maniok oder Yucca genannt) – gedeiht in der tropischen Äquatorialzone. Man sollte allerdings wissen, daß die bittere Cassava ein Gift enthält (Blausäure), das man der Pflanze vor dem Verzehr erst entziehen muß. Man weicht sie 48 Stunden lang in Wasser ein, bevor man sie kocht. In Westafrika werden die Knollen zuerst gewässert, dann getrocknet und zu einem Mehl

Geschmückte Yams beim Yams-Fest

zerstoßen (Fufu oder Gari) und anschließend mit Wasser zu einem Brei verkocht. Der Geschmack ist ziemlich furchtbar, läßt sich aber mit gemahlener Kokosnuß verbessern oder auch, indem man sie mit Spinat brät.

Lilien – In gemäßigtem und tropischem Klima kann man Kohlehydrate auch von einigen Arten der Wasserlilie und des Schilfrohrs gewinnen. Zu den Lilien, deren Knollen eßbar sind, zählen z. B. die Schwert-, Königs-, Goldband-, Sternlilie, die weiße, gelbe, ungepunktete sowie die kleinblättrige, die Holzlilie und die Tigerlilie. Man kann die Knollen roh oder auch wie Kartoffeln zubereitet essen. Lotus oder die blaue Wasserlilie (mit ihren blauen, duftenden Blüten und ledrigen Blättern) haben einen eßbaren Wurzelstock, der knusprig geröstet gut schmeckt. Die heilige asiatische Lotusblume läßt sich fast vollständig verarbeiten: Wurzeln, Stamm und Samen. Im Frühjahr liefert die Teichlilie *(hymphoea odorata)* die noch ungeöffneten Blütenknospen als Nahrungsmittel. Die gewaschenen und gehackten Blätter kann man in Suppen und Eintöpfen verkochen, oder auch fritieren.

In London gab es einen Geistlichen, der sechzehn Jahre lang jeden Morgen ein Liliensandwich mit Marmelade gegessen hat.

Die merkwürdigste Knollenfrucht, von der ich je hörte, ist die „Menschenwurzel", eine wilde Kartoffelart, die in Größe und Form einem Menschen ähnelt. Doch ist sie sehr schwierig auszugraben und schmeckt nicht besonders gut.

Kürbisse – Auch sie liefen Kohlehydrate. Pflückt sie unreif und kocht, bratet oder backt sie. Man muß sie aus der Haut herausessen. Apfelkürbisse sehen wie Äpfel aus und schmecken hervorragend, wenn man sie kocht und mit Butter bestreicht. Ananaskürbisse ähneln in Form und Geschmack der Ananas. Kürbiskerne wirken angeblich als Wurmmittel.

Koch- oder Mehlbanane – Diese große Bananenart gedeiht in den Tropen, wo sie schon seit Urzeiten auf dem Speiseplan steht. Bei uns wird sie in Delikatessenläden verkauft. Als ich das erste Mal Kochbananen kaufte, hielt ich sie für die mir bekannte Frucht und war dann enttäuscht, daß sie so hart, holzig und ungenießbar waren. Dann kapierte ich, daß man sie kochen muß. Am besten schmecken sie, wenn sie unreif geröstet oder wie Kartoffeln gekocht werden.

Sagopalme – ist ebenfalls sehr stärkehaltig und stellt in weiten Teilen des Pazifischen Ozeans das Grundnahrungsmittel. Sago kann man allerdings nicht einfach pflücken und essen. Wenn die Palmen gefällt werden, stampfen die Ansässigen das Innere des Stamms heraus. Das so gewonnene Mark wird gewaschen und gepreßt, um ihm die eßbare Stärke zu entziehen. Dann wird es zu grobem Sagomehl getrocknet.

Manche Stämme kochen Sago einfach in Wasser – schmeckt furchtbar! Andere backen dicke Pfannkuchen in tönernen „Bratpfannen". Die Pfannkuchen sind lecker und sehr sättigend. Nach einem Frühstück, bestehend aus Fisch und Sagopfannkuchen, verspürte ich bis zum späten Nachmittag keinen Hunger mehr, obwohl ich den ganzen Tag im Freien arbeitete.

Mais – vielerorts Hauptnahrungsmittel. Mais wird während seiner gesamten Wachstumsperiode geerntet. Zunächst, wenn die Kolben noch blaß und fingerdick sind, lassen sie sich zu einem köstlichen Salat aufschneiden. Sind sie ein bißchen größer, kocht man sie als Gemüse mit Salz und Butter und ißt die Kolben im Ganzen. Wenn sie noch reifer werden und sich gerade gelb färben, kann man die rohen Körner abknabbern. Die ausgewaschenen Kolben werden gekocht, gebraten oder langsam über der Glut braun geröstet. Man kann sie auch mitsamt den Blättern kochen und die Blätterhülle und Fasern erst vor dem Essen abziehen.

Wenn ihr Mais auf dem Markt kauft, so sucht euch Kolben aus, die eine frische grüne Blätterhülle und eine dunkelbraune seidene Quaste aufweisen. Das sind Zeichen für volles Korn. Auf afrikanischen Dorfmärkten findet man nur zu oft Mais, der an der Pflanze gelassen wurde, bis diese abgestorben und verwelkt war. Die Körner sehen dann golden aus, und man meint, sie seien reif und saftig, doch sind sie zum Kochen zu alt. Körner dieser Sorte habe ich einmal vier Stunden lang gekocht, dann waren sie immer noch hart wie Stein. Diese Körner werden dort für die trockene

Jahreszeit aufbewahrt und wie Hülsenfrüchte behandelt oder zu grobem Maismehl (Mealie) gemahlen. Das Mehl eignet sich für Porridge oder als Kartoffelmehlersatz. Zumeist wird es langsam in Wasser gekocht, bis allmählich ein dicker Kuchen übrigbleibt.

Das war eines der Gerichte, die mein Pferd unter allen Umständen mit mir teilen wollte. Es aß das Mehl roh, gekocht wie auch die rohen oder getrockneten Kolben plus Stengel und Blätter.

Tropischer Überfluß – Früchte

Auf langen Reisen entwickelte ich oft einen Heißhunger auf Süßes, wodurch mein Körper mir signalisierte, daß er die darin enthaltenen Energiereserven nötig hatte. Auf anstrengenden Wanderungen durch unwegsames Gelände verbrennt der Körper etwa 3000 Kalorien pro Tag. Um zu etwas Süßem zu kommen, mußte ich mich an die Früchte des Landes halten.

Tropische Früchte gedeihen in überwältigender Vielfalt. Es gibt z. B. nicht weniger als zweihundert verschiedene Sorten der Passionsfrucht und etwa siebzehn Arten von Bananen, von fingergroßen roten bis zur über 30 cm langen Radjahbanane.

Wilde Mango – schmeckt wirklich köstlich, bloß dauert es Stunden, bis man die Fasern wieder aus den Zähnen entfernt hat. Während ich die reifen Früchte vom Baum pflückte, bediente sich mein Pferd am Fallobst. Mein Pferd kam mit dem Verzehr dieser Früchte viel besser zurecht als ich. Zuerst kaute es das Fruchtfleisch ab und spuckte dann den großen Kern problemlos wieder aus.

„Witgatboom"-Baum – Dieser afrikanische Baum hat kirschgroße Früchte, die sehr süß sind. Seine Wurzeln können gemahlen als Porridge verkocht, geröstet als Kaffee-Ersatz und gekocht als Sirup verwendet werden.

Baobab-Baum (Affenbrotbaum) – Dieser Baum ist durch sein auffälliges Erscheinungsbild unverwechselbar. Er sieht aus, als wäre er verkehrt herum gepflanzt worden. Die junge Frucht enthält eine weiße, weiche Substanz, die sehr gut zu Fisch paßt. Ist die Frucht ausgereift, enthält sie viel Vitamin C und kann zu einem Getränk verdünnt werden. Die Samen in der Frucht wirken belebend, wenn man sie lutscht. Man kann sie auch rösten und mahlen und eine Art Kaffee daraus herstellen. Solange die Blätter frisch und zart sind, lassen sie sich in Fleischeintöpfen mitkochen oder als Gemüse zubereiten.

Papaya – Diese Pflanze findet man überall in den Tropen. Ihre Früchte sind delikat (am besten mit ein paar Tropfen Zitrone oder Limone). Der Fruchtsaft wirkt als Zartmacher für zähes Fleisch (siehe Kapitel 12), und die Blätter ersetzen Tabak. Die Samen sind beruhigend bei Magenverstimmungen, und die Fruchtschale heilt kleine Wunden und Entzündungen.

Kokosnußpalme – Der Name dieser Pflanze in Sanskrit KALPA VRIKSHA drückt das Wesen dieser Pflanze treffend aus: „Der Baum, der uns alles gibt, was man zum Leben braucht". Die junge Nuß gibt Milch, die ältere das nahrhafte Fruchtfleisch, das sowohl roh sehr gut schmeckt, wie auch kleingerieben in Fleischgerichten. Die zarten Blattknospen, als „Millionärsalat" bekannt, sind roh genauso schmackhaft wie auch als Palmkohl zu Fisch und Fleisch. Mit den Zweigen werden die Dächer gedeckt; auch Schlafmatten webt man daraus wie auch Körbe, Fischbehälter und Sandalen. Aus den Blattfasern dreht man Schnüre und Seile, und die Blattrippen liefern das Material für Hüttenwände und Pfeile.

Aus dem Stamm der Palme kann man Wein abzapfen (bohrt ein Loch, und steckt eine Flasche mit dem Hals hinein). Der frische Palmwein ist wie Limonade: erfrischend, nicht berauschend. Läßt man ihn einige Tage gären, wird er alkoholisch. Aus dem Stamm kann man sogar Salz gewinnen, indem man ihn verbrennt und die

Asche dann kocht. All dies bietet eine Palmenart allein. Für Sago-, Öl- und Dattelpalme gibt es andere Verwendungsmöglichkeiten.

Nußbutter

Man kann eine Creme oder Butter aus Nüssen herstellen, indem man die geschälten und gerösteten Nüsse in einen Metallbehälter gibt, ein bißchen Wasser dazuschüttet und die Kerne mit einem Stein zu einer geschmeidigen Paste zermalmt. Nußbutter eignet sich als Aufstrich für Brot und Kekse oder anstelle von Rahm zu Spinatgemüse sowie zu Früchten.

Kaugummi

Manche Hottentotten- und Buschmannstämme im südlichen Afrika verwenden einen gummiartigen Extrakt von der Akazie, der sehr nahrhaft sein soll. Allein 170 g davon ernähren einen Mann einen ganzen Tag lang.

Pilze

Auf der Erde soll es angeblich 2000 verschiedene eßbare Pilze geben, man muß sie nur kennen. Die Garzeit beträgt bei wild-wachsenden Pilzen etwas länger als bei gezüchteten, da sie etwas zäher sind. Am einfachsten ist es, sie mit dem Hut nach unten in die Glut zu legen; der Stiel dient dann als Griff. Gebt ein bißchen Salz und Butter in die Hüte. Gart sie, bis ihre Unterseite braun geröstet ist, und verzehrt sie heiß. Getrocknete Pilze sind sehr leicht und eignen sich hervorragend als Proviant für unterwegs.

Tang

Seetang ist sehr nahrhaft, reich an Vitaminen und Mineralstoffen, speziell an Jod. Die besten Sammelzeiten sind Frühjahr und

Frühsommer, da dann die frischen Triebe zart sind, mit zunehmendem Alter zäher werden und im Winter absterben.

Seid vorsichtig mit Tang aus möglicherweise verseuchten Gewässern! Auch Tang, der sich bereits losgerissen hat, taugt nichts, da er zumeist zäh ist und kaum noch Nährstoffe besitzt.

Tang wird gern mit braunem Reis gekocht oder als Gemüse mit weißer Soße zubereitet. In Südwales, wo man viele Tang-Rezepte kennt, wird er zu einem schwarzen Püree verkocht und dann mit Herzmuscheln und Schinkenspeck gebraten. Die Japaner mahlen den rohen Seetang und verkaufen ihn auch als Päckchensuppe. Das irische Moos von der irischen Süd- und Westküste kann mit Milch, Zitrone und Zucker zu einem Stürzpudding zubereitet werden. Man kann es aber getrocknet auch kauen. In Kanada kaut man getrockneten Seetang als Ersatz für Kautabak.

16. Die Kunst des Improvisierens

Wenn man – vergleichsweise luxuriös – mit einem Campingbus unterwegs ist, hat man durchaus die Möglichkeit, die Zutaten für Gaumenfreuden mitzunehmen. Doch selbst der reichhaltigst ausgestattete Vorrat geht einmal zu Neige, und dann sitzt man mit einem Rest Zucker unendlich weit von der Nachbarin entfernt, die einem sonst mal mit dem einen oder anderen aushilft. Der Rucksackreisende ist sicherlich von Anfang an für jeden Ratschlag dankbar, wie er sich unterwegs wichtige Grundnahrungsmittel ersetzen kann.

In einem Bus ist neben dem Wörterbuch immer noch Platz für ein Handbuch zum Bestimmen der einheimischen Pflanzen. Reist ihr aber nichtmotorisiert, solltet ihr versuchen, vor eurer Abreise euch die folgenden Pflanzen einzuprägen.

Krokodilhäute, aufgehängt zum Trocknen

Zucker, bitte!

Sirup aus Bäumen – In Nordamerika, Europa und im Fernen Osten wachsen mehrere Arten von Ahorn, alle mit einem süßen Saft, den besten jedoch liefert der Zuckerahorn *(acer saccharinum)*.

Schneidet eine V-förmige Kerbe in die Rinde, und steckt unten einen Span hinein, an dem der Saft abtropfen kann. Darunter bringt ihr ein Gefäß an, das den Saft auffängt.

Um nun Sirup herzustellen, muß ein Großteil der Flüssigkeit verdampfen. Das kostet Zeit und Brennmaterial, ist aber ansonsten nicht schwierig. Laßt den Saft einfach in einem offenen Topf auf dem Feuer kochen. Je mehr Flüssigkeit verdampft, desto dicker und süßer wird der Sirup.

Die Zerr-Eiche *(quercus cerris)* in Europa und Asien wird jeden Sommer von kleinen weißen Insekten überfallen, die sich in den Stamm bohren. Aus den Löchern tropft süßer Saft und formt an der Außenseite der Rinde kleine Kristalle.

Die Gallische Tamariske *(tamarix gallica)*, ein Strauch „schwitzt" an den Schnittflächen eine süße Flüssigkeit aus.

Auch die Manna-Esche *(fraxinus ornus)* sondert eine zuckerhaltige Flüssigkeit ab, die aufgefangen und wie Ahornsirup verkocht werden kann.

Zuckerrübe – Die Wurzel enthält einen zuckrigen Saft. Kocht ihn zu Sirup ein.

Blumen und Blüten – Folgt dem Grundsatz: „Wo die Biene saugt, da saug ich auch", und Lindenblüten sind da ein gutes Beispiel. Sie haben einen eindeutig süßen Geschmack. Kocht die Blüten in etwas Wasser. Den Topf nicht zudecken!

Die Blüten des „Zuckerbusches" *(protea mellifera)* werden in Südafrika zur Nektargewinnung verwendet.

Gleditschie Bäume *(gleditschia triacanthos)* – Dazu gehören zum Beispiel die Christusakazien, wachsen in Europa und Nordamerika. Das weiche Innere der Samenhülsen kann Zucker ersetzen.

Beeren und Früchte – Es gibt unzählige eßbare Beeren und Früchte, die man zu Kompott oder Mus verkochen kann. Im tropischen Afrika gedeiht eine wundersame Beere mit dem wissenschaftlichen Namen *sideroxylon dulcificum*. Nachdem man sie gegessen hat, bleibt ihre Süße im Mund und bewirkt, daß sogar bittere Dinge gut schmecken.

Der süße Mastix (Balsamharz) liefert Früchte, mit denen man, wenn sie ausgereift sind, bestens süßen kann. Man muß sie nach dem Pflücken verwenden, da sie sich nicht lange halten.

Zuckerrohr – Schält den hölzernen Stamm, und kaut das saftige Innere, oder kocht es aus. Auf Wanderungen nehme ich gerne ein Stück Zuckerrohr als Spazierstock. Natürlich kann ich der Versuchung nicht widerstehen und muß das obere Ende anknabbern. Es dauert nicht lange, und der Stock ist bereits so kurz, daß ich tief gebückt gehen müßte, wollte ich ihn noch weiter benutzen.

Zuckerpalmen – zapft man am Stamm an, um den süßen Sirup zu gewinnen. *Mannahirse* kocht man zu dickem Sirup zusammen. Der *süße Hanf*, eine in Südamerika wachsende Pflanze, enthält eine Glukose, die 150mal süßer ist als Zucker. Der in der Steppe und Wüste vorkommende *Kameldornbusch (alhagi maurorum)* bildet, wenn er von der Sonne ausgetrocknet wird, Zuckerkristalle an seinen Zweigen. Um die Kristalle zu gewinnen, schüttelt man die Zweige über einem ausgebreiteten Tuch aus.

Honig – ist natürlich ein vorzügliches Süßmittel. Doch ist er im Busch nicht leicht ausfindig zu machen. Hat man aber das Glück, ein Bienennest entdeckt zu haben, muß man es ausräuchern, um an den Honig zu gelangen. Macht Feuer, lenkt den Qualm in den Bienenstock, und rennt weg. Zehnminütiges Räuchern müßte genügen.

Speiseöl

Zum Braten eignen sich Schmalz, Schinkenspeck und Rinderspeck- bzw. Hammelfett. Man kann, um Fett zu gewinnen, auch fettes Fleisch auslassen. Das funktioniert am besten mit Schweinefleisch. Das fetteste Fleisch befindet sich am Bauch und an den Rippen. Schneidet es in kleine Würfel und kocht es etwa eine Stunde lang in einem offenen Topf mit etwas Wasser. Von Zeit zu Zeit umrühren. Je milder die Hitze, um so geschmeidiger wird das Schmalz. Ist das Wasser ein wenig abgekühlt, könnt ihr das Fett abschöpfen. Wenn es erkaltet ist, schmilzt man es erneut, um das restliche Wasser zu verdampfen. Auf dem Land benützen Bauern manchmal die (gutgereinigte) Schweinsblase als Gefäß für das Schmalz.

Wo es noch Fett gibt – Wasservögel haben zumeist eine dicke Schicht Fett unter ihrer Haut.

Insekten, wie z. B. fliegende Ameisen, Grashüpfer und Heuschrecken, enthalten ölige Substanzen. Das Fett läuft aus, wenn man die Tiere in einer trockenen Pfanne röstet.

Pflanzenöl – Die Kokosnuß schwitzt Öl aus, wenn man das Fruchtfleisch der prallen Sonne aussetzt.

Palmöl wird aus den Nüssen der Ölpalme gewonnen. Die Nüsse werden mehrere Stunden lang gekocht und dann mit den Händen ausgepreßt.

Der Feinschmecker bevorzugt Olivenöl. Es wird aus den gepreßten Früchten gewonnen. Passiert sie mit einem Teller oder einem flachen Stein durch ein Sieb. Der Erfolg ist nicht umwerfend, aber immerhin!

Alle Arten von eßbaren Nüssen wie Bucheckern, Walnüsse und Mandeln enthalten Öl. Sie werden zuerst zerkleinert, dann langsam in Wasser zum Kochen gebracht. Zwei Stunden lang leicht sieden. Anschließend schöpft ihr das oben schwimmende Fett ab. Bucheckern können auch geröstet und zerquetscht werden; dasselbe gilt für Walnüsse.

Erdnüsse enthalten sehr gutes Öl, das man durch Zerstampfen und Kochen gewinnt.

Aus den Samen des tropischen Baumwollstrauchs *(gossypium berbaceum)* wird ein feines Speiseöl gepreßt; es ist auch als Butterersatz brauchbar. Der Preßkuchen kann geröstet, nochmals gemahlen und zu Kaffee aufgegossen werden.

In den afrikanischen und asiatischen Tropen werden Ramtilsamen *(quizotia abyssinica)* gepreßt. Das Öl ist süßlich und mild und eignet sich hervorragend für Salate sowie zum Kochen. Auch als Brennmaterial für Feuer und Lampen verwendbar.

Sesamsamen stammen von der tropischen Pflanze *sesamum indicum* ab. Das hochwertige Öl eignet sich für Salate und zum Kochen. Den Preßkuchen kann man zum Backen verwenden.

Butterbäume

Ich habe von zwei Arten von Bäumen gehört, die „Butter"
produzieren. Der Butterbaum *(butyrospermum parkii)*, der in der
Äquatorialzone in Afrika vorkommt, wo er „Meepampa" genannt
wird, enthält in den von Fruchtfleisch umhüllten Nüssen eine
butterartige Substanz. Ein anderer ebenfalls tropischer Baum
(combretum butyrosum) trägt „butterhaltige" Früchte. Diese
„Butter" wird in Südamerika „Chiquito" genannt.

Mehlersatz

Hat man auch kein Supermarktmehl bei sich, braucht man sich
dennoch nicht vom Backen abhalten zu lassen. Ihr könnt euch
behelfen: Mehl kann aus unzähligen Getreide- und Samensorten
hergestellt werden. Die bekanntesten sind: Weizen, Gerste,
Hafer, Roggen, Mais, Hirse, Sorghum, Buchweizen, Inka-Weizen
(ursprünglich von den Inka gemahlen), Amaranth (seit 4000
v. Chr. bekannt; die Aztekenherrscher erhielten ihr Jahresgehalt
in dieser Getreideart ausgezahlt).

Man kann praktisch jede Art von Grassamen zu Mehl verarbeiten, wie man auch die Wurzeln gewisser Pflanzen, z. B. Pfeilwurz,
Lilie, Kartoffel und Brotfrucht mahlen kann.

Sammelt die reifen Körner, trocknet sie am Feuer, „drescht" sie
aus den Hülsen, indem ihr sie zwischen den Händen oder zwei
Steinen reibt. Das Worfeln, d. h., die Spreu vom Korn trennen,
wird immer an einem windigen Tag erledigt. Schüttet die geriebe-
nen Körner aus Hüfthöhe auf ein großes, ausgebreitetes Tuch.
Während das Getreide auf das Tuch fällt, weht der Wind die Spreu
davon. Die Körner werden dann zu Mehl zerstampft.

Schaut euch, wenn ihr unterwegs seid, auf den Märkten auch
das Mehl an. Für unsere Begriffe ist es sehr grob, und es gibt viele
verschiedene Sorten. Probiert sie aus!

Der Sepik-Fluß und Fischer am frühen Morgen

Salzgewinnung

Geht euch das Salz in Küstennähe aus, so findet ihr ziemlich sicher trockene Ablagerungen am Ufer. Falls nicht, nehmt ihr einen großen Topf voll sandfreien Seewassers und kocht es offen auf dem Feuer, bis das Wasser vollständig verdampft ist. Einen salzigen Geschmack erzielt man auch durch Kochen der Speisen in Salzwasser, oder indem man sie in Seetang einwickelt.

Weitab vom Meer beschaffen sich die Menschen ihr Salz aus natürlichen Binnensalzquellen oder Salzbrunnen. In manchen sehr rückständigen Gegenden geht man noch heute so vor. In Neuguinea begleitete ich eine Gruppe von Frauen aus dem Dorf zu ihren sechs Meilen entfernten Salzquellen. Wir nahmen ganze Ballen ausgetrockneter Fasern von Bananenstauden mit, die wir, an den Quellen angekommen, mit der Lake tränkten. Die vollgesogenen Fasern trugen wir dann zurück zum Dorf, wo sie in der

Sonne zum Trocknen ausgelegt wurden. Das Wasser verdampfte, das Salz blieb an den Fasern haften. Man kann aber auch Hickory- und Palmenholz zu Asche verbrennen und die Asche dann zu einem schwarz aussehenden Salz verkochen.

Zitronenersatz

Abgesehen von den in Geschäften erhältlichen Zitronenkonzentraten, Zitronenpulver (für Getränke), Zitrussäure usw. kann man einen zitronenähnlichen Geschmack auch durch die Verwendung bestimmter Pflanzen erzielen.

Zitronenminze, Zitronenstrauch, Zitronenmelisse und Zitronenthymian (kleiner als der normale Thymian und mit dichten, immergrünen Blättern) verleihen Gerichten einen leichten Zitronengeschmack. Am besten zu Fisch, Kalb und Geflügel. Legt ein oder zwei Zweiglein auf das Fleisch. Oder gebt die feingehackten Blätter in Füllungen oder Soßen. Auch zu Salat und Früchtekompott passen sie gut. Sauer- und Gartenampfer würzen helles Fleisch zitronen-sauer.

Knoblauchwürze

Überall auf der Erde wächst in gemäßigtem Klima wilder und gezüchteter Knoblauch. Er wird seit mindestens 2000 Jahren als Gewürz und Gemüse verwendet. Zahlreiche wilde Laucharten verhelfen zu einem milden Knoblaucharoma.

Der Knoblauchshederich *(alliaria officinalis)* kommt in Europa und Asien vor. Seine Blätter machen sich gut in Salaten und Soßen. Die Blätter sollten vor der Blüte gepflückt werden.

In Europa wurde früher statt Knoblauch Brunnenkresse oder wilder Senf verwendet. Hackt oder püriert die Blätter für Soßen. Der Knoblauchshederich kommt einem Zwiebel-Knoblauch-Geschmack am nächsten.

Ersatzkaffee

Zichorie ist der bekannteste Kaffee-Ersatz. Man sagt ihm eine entschlackende Wirkung nach. Auch ist er frei von Gerbsäure und Coffein und deshalb sehr bekömmlich. Der Kaffee hat einen leichten Bittergeschmack, ist aber sehr aromatisch. Man stellt ihn aus den gerösteten und gemahlenen Wurzeln her.

Andere Wurzeln, die als Kaffee-Ersatz taugen, sind die vom Löwenzahn (schmeckt gut und hilft bei Magen- und Verdauungsbeschwerden) oder von der Quecke oder Zuckerwurzel.

Bemüht euch nicht um besonders große Wurzeln, denn es dauert nur länger, sie zu rösten, und ihr müßt sie vorher klein schneiden. Bürstet die Wurzeln gut ab, und laßt sie trocknen. Röstet sie in Alufolie in der etwas abgekühlten Glut (nicht mehr rot) bis sie braun gebacken sind (etwa 30 Minuten), oder ihr legt sie über Nacht in unmittelbare Nähe des Feuers. Sie müssen so trocken sein, daß sie leicht bröseln. Wenn sie abgekühlt sind, zerstampft sie zu einem groben Pulver. Am besten geht das in einem Tuch, das ihr zwischen zwei Steinen bearbeitet. Das Mehl wird dann nochmals 10–15 Minuten lang geröstet, bis es dunkelbraun ist – aber nicht verkohlt!

Pro Tasse rechnet man zwei Teelöffel „Kaffee"-Pulver. Es wird mit kochendem Wasser übergossen, zugedeckt und eine Stunde ziehen gelassen. Vor dem Trinken erhitzt ihr das Getränk noch mal.

Kräutertee

Für einen Kräutertee wird kochendes Wasser auf die Kräuter oder Blüten in einem Topf gegossen. Topf bedecken, und 5–10 Minuten lang ziehen lassen.

Braucht man einen stärkeren Trunk, muß man die Kräuter vorher zerkleinern und dann einige Minuten leicht in Wasser kochen. Manche Tees schmecken allein ziemlich scheußlich. Dann mischt man sie mit anderen Kräutern. Vielleicht wollt ihr ein bißchen rumprobieren. Klee und Kamille schmecken z. B. sehr delikat zusammen.

Ich füge gerne ein wenig Ingwer hinzu. Man kann auch mit anderen Gewürzen aromatisieren oder nach indischer Tradition Milch mitverkochen.

Kuhbäume

Bekanntlich geben Kühe, Schafe, Ziegen, Stuten und Kamele Milch; in der dürren Steppe jedoch ist der Milchertrag einer Kuh nicht hoch. Die Milch wird meistens zu einem Joghurt verarbeitet, indem man sie mit Urin und frischem Blut versetzt. Die Vorstellung widerstrebt euch vielleicht, aber es ist wirklich erfrischend.

Milch kann man jedoch auch von bestimmten Pflanzen erhalten: Der Kuhbaum *(mimusops elata)* in Südamerika trägt apfelgroße Früchte, die eine dicke cremige Milch enthalten. Sie schmeckt tatsächlich wie Milch, schaut frisch und schaumig aus, wird aber, wenn man sie ein bißchen stehenläßt, schnell klebrig und fest. Alexander von Humboldt beschrieb einen Milchbaum *(brosium galactodendron),* der in Südamerika und Asien vorkommt:

> An der kahlen Felswand wächst ein Baum mit trockenen lederartigen Blättern; seine dicken holzigen Wurzeln dringen kaum in das Gestein. Mehrere Monate im Jahre netzt kein Regen sein Laub; die Zweige scheinen vertrocknet, abgestorben; bohrt man aber den Stamm an, so fließt eine süße, nahrhafte Milch heraus. Bei Sonnenaufgang strömt die vegetabilische Quelle am reichsten; dann kommen von allen Seiten die Schwarzen und die Eingeborenen mit großen Näpfen herbei und fangen die Milch auf, die sofort an der Oberfläche gelb und dick wird.

Auch die kühle und nahrhafte Flüssigkeit der Kokosnuß wird als Milch bezeichnet.

In vielen Ländern wird frische oder getrocknete Milch aus Sojabohnen verkauft.

Es muß nicht immer Tabak sein

Für Raucher gibt es kaum eine schlimmere Situation, als wenn in abgelegenen Gegenden der Tabak ausgeht. Mir ist das schon öfter passiert, ich habe dann viele verschiedene Blätter ausprobiert (die meisten schmeckten scheußlich!), auch Gras (wird zu heiß), aber ich bin noch immer Raucher.

In gemäßigtem Klima wird oft Huflattich *(tussilago farfara)* geraucht. Der lateinische Name bedeutet „Hustenmedizin". Früher rauchte man diese Blätter bei Bronchitis und Lungenbeschwerden.

Für eine Kräuterrauchmischung eignen sich Wollkraut, Bärentraube, Betonie, Kamille und Augentrost.

In den Tropen ersetzt man Tabak durch Papayablätter. Fragt die alten Leute, ob sie noch weitere Tabakersatz-Pflanzen kennen.

Kleine Blätter trocknete ich immer in der Nähe des Feuers und zerbröselte sie, wenn sie dürr waren, um mir die Pfeife damit zu stopfen. In Afrika rauchte ich zwei Jahre lang eine Pfeife, die aus einer zusammengerollten Metallspirale von einem Landrover-Wrack aus der Wüste gefertigt war. Ich hing sehr an dieser Pfeife, da sie von einem Schmied hergestellt wurde, der ein weißes Rennkamel ritt.

Wenn ihr Zigaretten mit normalem Papier dreht, wird das Papier sich immer wieder entflammen, anstatt ruhig vor sich hin zu glimmen, außer ihr reibt und knüllt es, um die Fasern darin zu brechen. Zeitungspapier eignet sich gut, es wird nicht zu heiß und glüht in der richtigen Weise.

In Nigeria nennt man selbstgedrehte Zigaretten „bookies",

nach dem „good Book", dem „guten Buch", wie man die Bibel nannte; schon sehr bald hatten die Eingeborenen entdeckt, daß sich die dünnen Seiten der von den Missionaren verteilten Bibeln hervorragend als Zigarettenpapier eignen.

Große Blätter (Tabak oder Ersatz) lassen sich besser rauchen, wenn sie ganz langsam, über Monate hinweg, getrocknet werden. Mir schmecken sie bereits nach einigen Tagen. Man hängt die Blätter in Büscheln an einer warmen und luftigen Stelle auf. Am nächsten kam ich der Methode, indem ich die Blätter an einer Leine zwischen zwei Pfählen in meinem Boot zum Trocknen aufhängte. Wenn ich allerdings zu viele Blätter aufgehängt hatte, wurden sie leicht vom Wind erfaßt, wobei das gesamte Boot vom Kurs abkam – ein seltenes Raucherschicksal!

Jeden Abend hängte ich die Blätter dann über dem Feuer auf, damit sie den rauchigen Geschmack annahmen.

Wenn sie gänzlich trocken sind, werden sie zerbröselt. Große Blätter kann man auch, wenn sie noch leicht feucht sind, zu einer Zigarre rollen. Bei Tabak schmeckt das hervorragend.

Tabak ist ein beliebtes Tauschmittel und Geschenk. Auf Märkten im Busch wird der Tabak offen, d. h. nicht abgepackt, angeboten. Er kostet nur ein paar Pfennige pro Handvoll. Er ist voller Zweige und Steinchen und ziemlich kratzig, aber ich habe ihn jahrelang recht gern geraucht. In vielen Ländern wird Kautabak vorgezogen, den man auch auf den Märkten kaufen kann.

Zahnpasta und Zweige

Frische Erdbeeren entfernen braunen Belag auf den Zähnen. Sie lösen auch Zahnstein auf und stärken das Zahnfleisch. Man muß nur daran denken, die Früchte fest gegen die Zähne zu reiben und nicht nur ihren köstlichen Geschmack zu genießen. Auch Himbeeren wirken mundreinigend, wenn auch nicht ganz so effektiv wie Erdbeeren.

Zahnpasta ist eine ziemlich moderne Erfindung, und ein Großteil der Weltbevölkerung hat nie Zahnbürsten oder Zahnpasta gesehen. Es kann einem mancherorts passieren, daß man seine Zähne unter den halb interessierten, halb entsetzten Blicken zahlreicher Eingeborener putzen muß, und so was kann einen ziemlich aus der Fassung bringen. Oft denken sie, der Schaum vor dem Mund komme von Tollwut!

Diese Leute selbst kauen zumeist regelmäßig an Zweigen von bestimmten Bäumen und Büschen, oft, ohne sich über die reinigende Wirkung im klaren zu sein. Am bekanntesten ist die Rinde von Zimtbäumen (kaut ein kleines Stückchen, es schmeckt scharf, wirkt aber gut) und vom Mastixbaum. Schneidet eine Kerbe in den Baumstamm, um das Mastixharz zu gewinnen. Trocknet es zu einem Gummi, der beim Kauen die Zähne reinigt und den Mund erfrischt. Auch kann man die pulverisierten Blätter von Majoran, die zerstampfte Wurzel der Malve oder zermahlene Pflaumenbaumrinde zur Mundpflege benützen.

Fenchelstiele, Petersilie und Salbei nehmen schlechten Atem und erfrischen den Mund. Kaut die jungen, rohen Stiele. Auch roher Sauerampfer und andere scharfe Blätter erfrischen den Gaumen.

Alternativseifen

Eine gute Seife kann man herstellen, indem man die Wurzel der blühenden Yuccapflanze kocht. Kocht sie stark, damit die Säfte austreten; benützt den Sirup dann als Seife. Die rosarote Seifenkrautpflanze enthält einen seifigen Saft, der Fett sehr gut löst. Wildes Basilikum, Kamille oder Holunderblüten können benützt werden, um wohlriechendes Waschwasser herzustellen.

Mattenweben in Ostafrika

Riemen, Schnüre und Stricke aus Naturprodukten

Lederriemen – Aus einem Stück Leder gewinnt man einen Riemen, indem man von einem großen Kreis ausgehend spiralig zur Mitte zuschneidet. Streckt den Riemen, indem ihr z. B. das eine Ende an einem Ast befestigt und die gespannte Leine zunächst in die eine Richtung, dann zurück in die andere dreht. Ein gut 2 cm breiter Riemen taugt zum Anbinden fürs Pferd.

Schnur – Manche Tangarten wachsen in Strängen, die einem Seil ähnlich sind und bis zu 13 m lang werden. In halbgetrocknetem Zustand lassen sie sich schälen und zu einer Schnur aufdrehen. Die äußere Rindenschicht mancher Bäume und die Stiele vieler Pflanzen lassen sich zu faserigen Schnüren verarbeiten. Damit die Fasern fest zusammenhalten, dreht man die Schnur mit der einen Hand in eine Richtung und rollt sie mit der anderen (am besten auf dem Oberschenkel) in die andere Richtung. Will man eine Schnur aus Roßhaar herstellen, so muß man einige Haare aus dem Schwanz eines Pferdes zusammenflechten, nicht drehen.

Zwirn – könnt ihr euch aus langen Streifen der äußeren Darmschicht von Tieren herstellen, die ihr vorher in Wasser eingeweicht habt. Die Darmhaut muß gedreht und dann zum Trocknen aufgehängt werden.

Man kann auch einzelne Streifen aus Sehnen als Zwirn verwenden. Laßt die ganze Sehne zunächst trocknen, bevor ihr die Streifen abreißt. Diese werden dann befeuchtet und glatt gekratzt. Das soll angeblich mit den Zähnen am einfachsten sein. Anschließend werden sie gedreht und mit der Hand glatt gerieben, um ein Ausfransen zu verhindern.

Leim – kann man herstellen, indem man Tierhäute und -hufe kocht, bis sie eine Flüssigkeit absondern.

Für manchen Notfall ist es nützlich zu wissen, daß in kochendem Wasser erhitzte Hufe so weich werden, daß man sie zu den verschiedensten Dingen formen kann. Zwei Stücke Horn kann man auch zusammenschweißen, indem man die Bruchstellen erhitzt und fest aneinanderpreßt.

17. Gesundheit und Erste Hilfe

Wenn man in der dritten Welt auf einen europäischen Arzt trifft, darf man nicht von vornherein annehmen, daß er in jedem Falle auch ein guter Arzt ist. Vielleicht habt ihr schon Berichte über Ärzte gelesen, denen die Ausübung ihres Berufs im Heimatland wegen unsachgemäßer Behandlung untersagt wurde und die daraufhin in Entwicklungsländer zogen, um dort Privatkliniken zu eröffnen. Haltet euch, wie zu Hause auch, an Empfehlungen von Leuten, denen ihr vertraut und die selbst bei dem betreffenden Doktor in Behandlung waren.

Ich bin auf meinen Reisen mehrmals von Medizinmännern behandelt worden. Einige warfen Knochen (alte Handknöchel), um die Diagnose zu stellen, andere gingen nach weniger klar definierbaren Methoden vor. Das Erlebnis allein lohnt sich auf alle Fälle, und behandelt wird zumeist mit Kräutern.

Als ich mich im Kongogebiet aufhielt, litt ich unter einer schlimmen Bronchitis. Ich wurde zu einem Medizinmann gebracht, der so alt war, daß ihm die dunkle Haut wie Lappen von der knochigen Brust hing. Sein kahler Kopf wurde von einigen weißen Haarbüscheln gekrönt. Die Bezahlung bestand aus zwei Hühnern. Wir setzten uns beide auf eine Matte, und er spielte eine Art Sitar, bis er in Trance verfiel.

Man brachte ihm eine Kalebasse mit Wasser, in die er einige braune Zweige warf; das Wasser begann augenblicklich zu blubbern. Um uns herum tanzten und sangen die Dorfbewohner, doch der Medizinmann und ich waren wie in Bann geschlagen. Seine Ruhe war fast greifbar. Ich mußte einen Schluck von dem heftig sprudelnden Wasser trinken; es schmeckte bitter und prickelte. Dann füllte mir der Doktor zwei alte Bierflaschen mit der

Flüssigkeit und den Zweigen darin. Er sagte, ich müsse jeden Tag beide Flaschen austrinken und solange wieder auffüllen, bis das Sprudeln im Wasser nachließe. Dann würde die Heilung abgeschlossen sein.

Was es auch immer gewesen sein mag, es hat mir tatsächlich geholfen, obwohl es ziemlich lange gedauert hat, bis ich wieder vollständig gesund war.

Wenn ihr mit dem Campingbus unterwegs seid, könnt ihr problemlos die in Kapitel 2 vorgeschlagene Notfall-Apotheke mitnehmen. Auch wenn ihr selbst keine Pillen und Pflaster braucht, so können sie doch helfen, unterwegs Freunde zu gewinnen.

Im folgenden will ich euch einige einfache Ratschläge geben, was man in Notfällen tun oder auch unterlassen muß – bis ein Arzt gefunden wird. Daran schließt eine Tabelle mit Heilkräutern und deren Gebrauch an, mit denen ihr Krankheiten oder Wunden weiterbehandeln könnt. Einige der für die erprobten Abkochungen, Aufgüsse und Umschläge nötigen Kräuter findet ihr sicher überall.

Fußprobleme

Um Blasen an den Füßen zu vermeiden, reibt man die Socken an der Innenseite mit Seife ein, bevor man sie anzieht. Schuhleder wird weich, wenn man vor dem Anziehen ein rohes Ei in den Stiefel schlägt.

Magenbeschwerden

Vorbeugen ist besser als heilen. Härtet euch gegen Keime ab. Man darf nicht erwarten, daß man sich problemlos von der sterilen westlichen Küche auf Garküchen auf Dritte-Welt-Märkten umstellen kann. Abwehrkräfte gegen schwächere Krankheitskeime baut man auf, indem man sein Verdauungssystem allmählich an die weniger reine Nahrung gewöhnt (wie auch beim Wasser).

Haltet euch aber trotzdem streng an folgende Regeln: Wascht oder schält ungekochtes Gemüse und rohes Obst; nehmt kein Eis zu euch, da es oft aus verschmutztem Wasser hergestellt wird; wascht euch vor dem Essen die Hände, und eßt nur absolut gares Fleisch.

Trinkt viel Wasser, es spült Ungeziefer raus. Das ist auch bei Krankheiten wichtig, vor allem bei Fieber, Grippe oder Durchfall. Das beste Mittel gegen Durchfall ist fasten und viel Wasser. Wenn ihr unbedingt etwas essen müßt, dann nur Brühe, Reis und Reiswasser.

Frostbeulen

Bevor ihr mit der Behandlung beginnt, müßt ihr erst an einem wärmeren Ort sein. Wiederholtes Erfrieren und Aufwärmen verschlimmern den Zustand. Erwärmt den betroffenen Körperteil langsam in lauwarmem Wasser, falls keines da ist, in der Achselhöhle eines Freundes. Versucht nicht, den Kreislauf durch Massage in Schwung zu bekommen! Das ist eher schädlich. Die Erwärmung muß allmählich erfolgen.

Hypothermie (Absinken der Körpertemperatur) und Erschöpfung

Hypothermie ist so gefährlich, weil man selbst nicht bemerkt, daß etwas nicht in Ordnung ist. Die Wahrnehmung verändert sich, oftmals gerade in kritischen Situationen beim Bergsteigen. Sinkt die Körpertemperatur zu sehr ab (8° unter die Normaltemperatur), stirbt der Mensch. Wenn ihr also merkt, daß ihr stolpert, zittert, euch müde fühlt und gleichgültig werdet, haltet an und macht euch ein heißes Getränk, wickelt euch in Decken, oder zieht euch wärmer an. Errichtet so bald als möglich ein Lager. Heiße Getränke, Wärme und 48 Stunden Ruhe sind zur Erholung nötig.

Hitzschlag

Das beste Mittel zum Beleben der Kräfte ist Salzwasser: 1 Teelöffel Salz auf 1 Liter Wasser. Dazu Schatten und viel Ruhe.

In einem kleinen Perlenfischerdorf auf einer Halbinsel in Thailand bemalten sich viele Mädchen die Gesichter mit einem weißen Puder (wie Talg), das sie mit Wasser anrührten. Während ich bei ihnen lebte, färbten sie auch mein Gesicht weiß. Die Farbe hielt die Sonne vom Gesicht ab und verhinderte einen Sonnenbrand. Das war besonders wichtig, da wir uns fast den ganzen Tag lang mit dem Boot auf dem Meer bewegten. Ich genoß diese Fahrten vorbei an Hunderten kleiner, steilwandiger Inselchen, auf denen die merkwürdigsten Steinformationen, wie Säulen und Spitzen, aus den Felsblöcken erodiert waren. Jedesmal jedoch, wenn ich über den Bootsrand hinaus ins Wasser sah, schrak ich vor meinem Spiegelbild zurück.

Verbrennungen

Haltet die verbrannte Körperstelle sofort 5–10 Minuten unter kaltes Wasser, oder deckt sie fest mit einem sauberen Tuch ab. Wichtig ist dabei, daß die verbrannte Stelle nicht mehr mit der Luft in Berührung kommt. Brandblasen dürfen nicht geöffnet werden, da sie die Wunde vor Infektionen schützen.

Fieber

Die einen empfehlen, das Fieber mit Aspirin zu senken. Andere, und zu denen zähle auch ich, finden es besser, das Fieber auszuschwitzen. Zum Schwitzen deckt man sich mit vielen zusätzlichen Decken zu und hält die Prozedur 24 Stunden lang durch. Viel trinken!

Chinin (das ist der Stoff, mit dem Malaria und ihre Fieberanfälle behandelt werden) gewinnt man aus der Rinde des in Südamerika wachsenden Chinarindenbaums.

Wie man Blutungen stoppt

Legt den verletzten Körperteil hoch. Haltet die Wunde mit der Hand oder einem sauberen Lappen zu, und drückt so lange, bis es aufhört zu bluten. Das dauert gewöhnlich ungefähr 15 Minuten. In extremen Fällen müßt ihr den verletzten Körperteil abbinden. Schnürt ihn mit einem Stoffstreifen oder Riemen oberhalb der Wunde ab. Der Streifen muß aber alle 20 Minuten kurz gelockert werden.

Wundheilung

Auch kleine Wunden sind in den Tropen gefährlich, weil sie sich leicht infizieren und zu einem Geschwür auswachsen, das dann sehr schwer zu heilen ist. Säubert die Wunde, reinigt sie auch von Eiter, und haltet sie trocken und bedeckt! Meerwasser reinigt Wunden sehr gut. Wenn die Rötung um die wunde Stelle nachläßt, ist die Infektion vorüber.

Seit Urzeiten werden auch Pflanzen zur Wundheilung eingesetzt. Schafgarbe wurde mit auf die Schlachtfelder genommen, um Blutungen zu stillen. Es wirkt auch antiseptisch. Achilles bei der Belagerung von Troja wie auch Soldaten, die im Zweiten Weltkrieg kämpften, nutzten die Kräfte der Schafgarbe. Blutwurz, wie der Name schon sagt, und Hainampfer schließen die Blutgefäße und helfen so heilen.

Knochenbrüche

Die Bruchstelle sollte nicht bewegt werden, außer wenn die Knochen verschoben sind. In diesem Fall gilt: Je schneller der Bruch gerichtet wird, um so schneller heilt er. Schient das gebrochene Glied mit einer Holzleiste, bindet es fest, wenn möglich über einer Hülle von Baumrinde.

Um einen Gipsverband zu improvisieren, braucht man eine Pflanze, deren Saft sich verhärtet und der die Haut nicht reizt. In Mexiko z. B. gibt es die Tepeguajo, eine Verwandte der Bohne, die solch einen Saft produziert. So wird ein Tepeguajo-„Gips" gemacht:

Gebt 1 kg der Rinde in 5 l Wasser und kocht sie, bis fast alles Wasser verdampft ist und nur ein dicker Sirup zurückbleibt. Taucht einzelne Stoffstreifen in die Masse, und wickelt sie nacheinander um den gebrochenen Körperteil. Am besten legt

Die Straßen sind nicht immer die besten

man ein weiches Stück Stoff und eine Schicht roher Baumwolle (Watte) oder Kapokgewebe direkt auf die Haut, bevor man die Stoffstreifen mit der Masse anlegt, damit der „Gips" zwar fest sitzt, aber nicht zu eng. Das gebrochene Glied könnte anschwellen, und wenn der Verband zu fest sitzt, muß er aufgeschnitten werden und erneuert werden. Der Verband muß den Bruch nach beiden Seiten hin weit überdecken. Legt einen „Gips" nie auf eine offene Wunde!

Das Beinwell-Kraut hilft, Knochen zu kitten. Macht warme Umschläge aus frisch zerstampften Blättern.

Verrenkungen

Versucht, die Knochen so bald als möglich in die richtige Position zurückzubringen. Wenn sie dort nicht bleiben, müßt ihr bandagieren. Ein ausgekugelter Arm wird in einer Schlinge getragen.

Um eine Schulter wieder einzurenken, braucht ihr eine erhöhte Fläche, auf die sich die verletzte Person auf dem Bauch darauf legt. Die Fläche muß so hoch sein, daß der Patient den an der Schulter ausgekugelten Arm hinunterhängen lassen und einen mit Steinen gefüllten Eimer 10 Minuten lang halten kann. Nach dieser Zeitspanne müßte die Schulter wieder von alleine zurückschnappen, wenn das Gewicht weggenommen wird. Könnt ihr keine solche Liegefläche finden, muß sich der Verletzte rücklings auf den Boden legen. Eine andere Person legt sich ebenfalls auf den Rücken daneben, mit dem Kopf jedoch in die entgegengesetzte Richtung. Sie stemmt einen Fuß in die Achsel der verletzten Schulter und zieht den Arm in einem Winkel von 45° vorsichtig zu sich heran. Die Streckung sollte 10 Minuten lang fortdauern. Dann bringt man den Arm näher an den Körper heran, während der Fuß die Knochen in Position schiebt. Das Gelenk läßt sich so wieder einrenken.

Kräuterbehandlung

Auf den folgenden Seiten findet ihr eine Auswahl an Kräutern, ihre Anwendungsgebiete und die Art ihrer Verwendung. Es soll noch darauf hingewiesen werden, daß Menschen in verschiedener Weise auf Kräuter reagieren und daß der ursprüngliche und eigentliche Grund zuweilen nicht gleich richtig erkannt wird.

Heilkräuter können nach den unterschiedlichsten Methoden angewendet werden, innerlich und äußerlich. In der folgenden Tabelle benützte ich folgende Begriffe:

Abkochung: Ungefähr eine Handvoll gemahlener und gestampfter Kräuterblätter werden eingekocht und äußerlich aufgetragen.

Tee: Die Menge wie für einen starken Tee, aber weniger stark eingekocht als bei der Abkochung und innerlich einzunehmen.

Kompresse: Die Substanzen werden zerstampft, gemahlen oder zerquetscht, bis ein mehr oder weniger flüssiger Brei entsteht. Der wird zwischen zwei Lagen Verbandsstoff oder, wenn ihr nichts anderes habt, Moskitonetz auf die betreffende Stelle gelegt.

Heißer Umschlag: Erhitzte Kompressen.

Zahnschmerzen

Gewürznelke: saugen
Schafgarbe: Blätter kauen
Mehlbanane: Tee aus Blättern für Mundspülungen
Malve, Gemeiner Eibisch: pulverisierte Wurzel für Mundspülungen

Zahnfleischentzündung

Kresse: kauen

Augenverletzung

Schwarzwurz, Augentrost, Kamille, Fenchel: Abkochung zum
Spülen der Augen
Schellkraut: verdünnten Saft auftragen (2 Teelöffel auf 1 Tasse
Wasser); innerlich angewendet ist es giftig.

Durchfall

Ackermennig, Mehlkraut (Spierstaude), Melisse: Tee aus den
Blättern (auch aus den Samen der Mehlbanane)
Brombeersaft: trinken
Sauerampfer: Tee aus Wurzeln und Samen
Esche: Tee aus der Rinde

Ruhr

Wiesenknöterich: Tee aus gestampften Wurzeln
Gemeiner Eibisch: Tee aus Wurzeln und Blättern
Immergrün, Schachtelhalm, Sanikel, Weiderich: Sanikel und
Weiderich helfen gegen innere Blutungen; Tee aus Blättern
Quitte: rohe Frucht essen

Bronchitis und andere Atembeschwerden

Fenchel, Ikel, Eisenkraut, Lungenkraut, Poleiminze: Tee aus
Blättern
Gemeiner Eibisch: Tee aus Wurzeln
Geißblatt: Tee aus Blüten
Alant: Abkochung der Wurzeln inhalieren
Huflattich: pulverisierte Blätter schnupfen oder als Tee zube-
reiten

Frostbeulen

Schafgarbe, Wollkraut, Gemeiner Eibisch, Walnuß: Kompressen
  aus zerstampften Blättern
Weiße Rübe: zerstampft als heißer Umschlag

Sonnenbrand

Nessel, Zauberhasel, Pimpernell, Holunderblüte oder -beere:
  Abkochung äußerlich auftragen
Erdbeere: zerdrückt
Kartoffel: roh zu einer Kompresse gerieben

Verbrennungen

Boretsch, Klette: Kompresse aus den zerkleinerten Blättern
Efeu: Kompresse aus den zerkleinerten Blättern; wirkt hervorragend bei der Heilung der Haut, und stillt den Schmerz. Efeu ist
  giftig, wenn er eingenommen wird.
Taubnessel: abkochen, bis sie geliert, und als Kompresse auflegen

Fieber

Sauerampfer, Boretsch: Tee aus Blüten
Esche: Tee aus Rinde

Blutstillen

Gespenstergelbdolde, Schachtelhalm, Schafgarbe, Hainampfer:
  Kompressen oder Abkochungen aus zerstampften Blättern
Schlehe: Kompresse aus dem Saft
Walnuß: Kompresse auf einer Abkochung der Kätzchen

Wundheilung, Insektenstiche, Entzündungen

Birke: Desinfizieren mit einer Abkochung oder Kompresse aus zerstampften Blättern

Limonellenbaum: Abkochung aus zerstampfter Rinde als Kompresse

Eisenkraut, Salbei, Malve: Aufguß oder Kompresse (Zauberer sagten dem Eisenkraut nach, es verleihe Unsterblichkeit)

Knochenbrüche

Beinwell: heiße Umschläge aus Blättern

Quetschungen, Zerrungen, Verrenkungen

Bergarnika: leichter Tee aus Blättern
Zauberhasel, Ysop, Gänseblümchen: Abkochung oder Kompresse
Kohlblätter: heiße Umschläge aus Blättern

Fliegen und Mücken

Nun werfen wir noch einen verdrießlichen Blick auf die Mücken und das blutsaugende Ungeziefer, das einem das Reisen manchmal ganz schön verleidet und so oft die Qualen einer schlaflosen Nacht beschert.

In Kapitel 5 findet ihr bereits Hinweise auf mückenarme Lagerplätze. Aber in manchen Gebieten gibt es weit und breit keine Stelle ohne diese Plagegeister. Sogar die Eskimos haben ein Wort für Mücke. Ohne insektenabwehrende Mittel, die sogenannten Repellents, leidet man mitunter schrecklich, und ohne Moskitonetz kann man manchmal schier verrückt werden. Wenn ihr kein industriell hergestelltes Repellent bei euch habt, müßt ihr Naturstoffe wie Tabak- oder Holunderblätter benutzen. Zerquetscht die Blätter, und reibt sie auf die Haut. Die Wirkung hält nicht lange an, aber für einige Zeit hat man Ruhe. Nicht alle Repellents wirken bei allen Leuten gleich gut. Wenn man also eines gefunden hat, das gut wirkt, sollte man es sich unbedingt merken.

Der Schweiß nimmt einen bestimmten insektenabwehrenden Geruch an, wenn man Weinstein einnimmt (erhält man in der Apotheke) oder immer wieder mal 2 Teelöffel Essig in einem Glas Wasser trinkt. Weinessig schmeckt gar nicht so schlecht. Knoblauch, gegessen oder auf der Haut zerrieben, hält Fliegen ab. Repellents, die man einnimmt, wirken etwa 24 Stunden lang.

Auch Rauch hält Insekten ab. Legt feuchte Blätter oder morsches Holz aufs Feuer. In Sumpfgegenden kann es einem passieren, daß während der Dämmerung die Einheimischen den Besuchern kleine Häufchen schwelender Kokosnußschalen um die Füße herum anordnen. Rotes Zedernholz und grüner Farn eignen sich auch zu diesem Zweck.

Die meisten Insekten gibt es nur zu bestimmten Zeiten. Der erste Regen lockt sie hervor, und dann bleiben sie den ganzen Sommer bzw. die ganze Regenzeit über da. Plant ihr eure Reisen in Sumpfgebiete zur kältesten oder trockensten Jahreszeit, so werden euch nur wenige Mücken belästigen.

Als ich den Kongo hinunterpaddelte, war es gerade Regenzeit. In der ersten Nacht spannte ich mein Moskitonetz über das Boot. Die paar Mücken, die sich darunter befanden, tötete ich. Einige Minuten später waren wieder welche unter dem Netz, und ich entdeckte mit Entsetzen, woher sie kamen: Mein ganzes Moskitonetz war außen mit einer dicken Schicht von Mücken bedeckt, kleine Mücken, die einfach ihre Flügel anlegten und durch die Maschen krochen. Diese Flußreise dauerte fast zwei Monate. Wir hatten kein Insektenspray dabei, und ich kann die qualvollen, langen Nächte kaum beschreiben.

Je weiter wir flußabwärts kamen, um so trockener wurde das

Gebiet, denn die Regenzeit hatte hier noch nicht eingesetzt. Nachts schlief ich ohne Moskitonetz im trockenen Ufersand. Ich genoß den Anblick des silbrig glänzenden Wassers vor der Regenwaldkulisse und horchte auf das ferne Kampfgeschrei der Affen. Kein Insektensummen störte den Frieden.

Flöhe und Läuse

Reibt euch mit Minze ein oder auch mit gestampften oder abgekochten Walnußblättern. Das hilft gegen Flöhe, Motten, Läuse und Ameisen.

Sandflöhe

Diese kleinen Parasiten leben im Regenwald Afrikas und Südamerikas. Man soll sie abhalten können, wenn man Weinsteinpulver ißt oder die Kleidung einschwefelt. Auch Stiefel halten sie ab.

Sandflöhe setzen sich am liebsten unter die Fußnägel und legen dort ihre Eier ab. Das juckt sehr, und man darf nicht kratzen, da die Eier sonst absterben und faulen. Wartet einige Tage, bis sie reif sind.

Als ich einmal Sandflöhe hatte, ging ich zu einem zahmen Affen im Dorf. Der wußte genau, was zu tun war – wahrscheinlich gehen Sandflöhe auch auf Affen. Er untersuchte vorsichtig meine Zehen und begann aufgeregt zu plappern, als er die Schwellung entdeckte. Dann nahm er einen Bambussplitter und zog damit das kleine, milchige Päckchen mit den Eiern heraus. Die Bewohner des Dorfes applaudierten und meinten, daß niemand mit den Sandflöhen so gut fertig wird wie dieser Affe.

Zecken

Zecken graben sich mit dem Kopf in die Haut, während sich der Körper voller Blut saugt. Wenn ihr von Zecken übersät seid, hilft nur ein Bad in mit Wasser verdünntem Petroleum. Wascht euch auch die Haare damit.

Pfefferzecken sind so klein, daß sie wie feingemahlene Partikel von zerstoßenem Pfeffer aussehen.

In manchen Gegenden erzeugen Zecken das sogenannte Zeckenfieber, wie z. B. das afrikanische Rückfallfieber. Wenn ihr eine Zecke ausreißt, müßt ihr euch vergewissern, ob der Kopf auch herausgezogen wurde. Wenn die Stelle tagelang sichtbar bleibt und sich rötet, habt ihr die Krankheit vielleicht schon. Ihr braucht dann ärztliche Hilfe und Antibiotika.

In Regionen, in denen Zeckenfieber grassiert, sollte man nicht in der Nähe von Gebüschen übernachten. Meine Hängematte hat mich nachts gut vor Zecken geschützt. Sie attackierten mich aber tagsüber, und ich bekam das Fieber. Es kam so plötzlich, und zuerst fiel es mir überhaupt nicht auf, bis ich in einem lichten Moment im Delirium merkte, was passiert war. Ich befand mich damals in einer sehr einsamen Gegend im Zululand. Auf keinen Fall wollte ich bewußtlos vom Pferd fallen und band mich deshalb auf ihm fest.

Blutegel

Auf Märschen durch den Dschungel werdet ihr Bekanntschaft mit Blutegeln machen. Sie hängen im Blattwerk der Bäume oder im Unterholz und saugen sich an euren Beinen fest oder lassen sich von oben herunterfallen. (Sie können bis zu einem Jahr lang ohne Nahrung auf der Lauer liegen!) Ihren Biß spürt man nicht. Sie saugen sich bis zur Größe von zehn Zentimetern voll, bevor sie sich wieder fallen lassen.

Wenn ihr einen Blutsauger an euch entdeckt, kratzt ihn vorsichtig mit einem Messer ab. Saugt er bereits euer Blut, streut Salz darauf oder brennt ihn mit einer Zigarette, damit er losläßt. Das Sekret, das die Blutegel beim Biß injizieren, bewirkt, daß das Blut nicht gerinnt. Die Wunde blutet deshalb eine ganze Weile weiter, bildet aber schließlich doch eine Kruste.

Giftiges Getier

Dazu zähle ich Skorpione, Wolfsspinnen, Taranteln, Schwarze Witwen, einige Arten von Tausendfüßlern und ein paar Schlangen.

Der Biß einer Wolfsspinne war das furchterregendste und schmerzhafteste Erlebnis meines Lebens. Mein Körper war innerhalb kurzer Zeit gelähmt, meine Kehle fast zugeschwollen, und ich rang nach Luft. Ich spürte mein Herz, als wäre es von einer Faust umklammert, es schlug wie wild. Mir war furchtbar kalt, doch brach mir gleichzeitig der Schweiß aus, und die Schmerzen in meinem ganzen Körper waren fast unerträglich. Ich hatte kein Gegengift bei mir, und erst nach zwei Wochen war ich wieder in der Lage zu laufen.

Giftbisse, auch die von Schlangen, führen nur sehr selten zum Tod. Zweitklassige Filme und Bücher haben dem Image dieser Tiere sehr geschadet. Normalerweise greifen sie nur an, wenn sie sich in Gefahr fühlen. Mit ein wenig Verstand kann man es vermeiden, sie zu provozieren.

Schüttelt eure Schuhe und Stiefel immer aus, bevor ihr sie anzieht. Tretet fest auf, wenn ihr durch hohes Gras oder Gebüsch geht, damit die Tiere gewarnt sind und verschwinden können. Auf meinen Reisen habe ich nur wenige Schlangen gesehen. Entweder glitten sie sofort davon, oder sie schliefen. Als ich eines Morgens nach einer Nacht auf dem Boden aufwachte, sah ich eine Schlange neben mir unter dem von mir errichteten Dach. Als ich mich ein wenig bewegte, glitt sie davon. Den Biß einer Giftschlange erkennt ihr neben kleineren Bißwunden an den zwei Einstichen der Giftzähne, die bei ungiftigen Schlangen fehlen.

Wenn ihr von einer Giftschlange gebissen werdet, dann solltet ihr, wenn es geht, so schnell wie möglich ins nächste Krankenhaus gehen, um euch ein Serum spritzen zu lassen. Wenn man Eis hat, legt man es auf die Bißstelle. Das verzögert die Ausbreitung des Gifts durch den Körper. Aber auch ohne Eis und fernab vom nächsten Krankenhaus habt ihr gute Chancen zu überleben, wenn ihr ruhig bleibt (leicht gesagt als getan, ich weiß) und euch langsam bewegt. Angst beschleunigt den Herzschlag, und das Gift verteilt sich schneller im Blutsystem.

Manche Leute empfehlen, die Wunde auszusaugen und das Blut auszuspucken. Bindet den Arm oder das Bein ab, je nachdem, wohin ihr gebissen worden seid, und schneidet mit einem sterilen Messer an den Einstichen entlang 10 mm lang und 5 mm tief ein. Saugt dann an der Wunde, und spuckt aus. Die Prozedur wiederholt ihr 15 Minuten lang. Das Gift kann allerdings über die Schleimhäute im Mund absorbiert werden! Ein einfaches, kleines Schlangenbißset mit einer Saugpumpe aus dem Expeditionsfachgeschäft ist in schlangenreichen Gegenden daher dringend empfohlen.

Das Abbinden hilft in jedem Fall, weil so die Verbreitung des Giftes verlangsamt wird. Bindet aber nicht so fest, daß die Arterien blockiert werden. Löst den Druck alle 20 Minuten für etwa 30 Sekunden, um Wundbrand zu verhindern.

Trinkt viel Wasser, das verdünnt das Gift.

Aber das sind nur Maßnahmen für Extremsituationen. Ich nehme nie Schlangenserum mit, weil ich, wenn ich mich vorsichtig verhalte, die Wahrscheinlichkeit eines Bisses für so gering erachte, daß ich das Risiko eingehe.

Je öfter ich reise, um so weniger gefährlich erscheinen mir die so gefürchteten Gifttiere. Am lästigsten sind wahrscheinlich die kleinen Zuckerameisen, die sich bald überall in euren Essensvorräten gütlich tun werden.

Anhang

Adressen von Karten- und Buchhandlungen

Wenn es bei euch in der Nähe keine gutsortierte Buchhandlung gibt, könnt ihr Reiseführer und Landkarten auch bestellen, z. B. bei:

Buchhandlung Kiepert, Hardenbergstr., 1000 Berlin 12 (Tel. 0 30/31 07 11)

Buchhandlung Goetze, Hermannstr. 7, 2000 Hamburg 1 (Tel. 0 40/32 24 77)

Buchhandlung Gleumes & Co., Hohenstaufenring, 5000 Köln (Tel. 02 21/21 15 50)

Geographische Buchhandlung, Rosental 6, 8000 München 2 (Tel. 0 89/26 50 30)

Geo Center, Internationales Landkartenhaus, Honigwiesen-str. 25, 7000 Stuttgart 80 (Tel. 07 11/73 50 31)

Tropeninstitute

Tropeninstitut München, Leopoldstr. 5, 8000 München 40 (Tel. 0 89/33 33 22)

Tropeninstitut Hamburg, Bernhard-Nocht-Str. 74, 2000 Hamburg 4 (Tel. 0 40/31 10 21)

Tropenheim Paul-Lechler-Krankenhaus, Paul-Lechler-Str. 24, 7400 Tübingen (Tel. 0 70 71/20 60)

Läden mit Expeditionsausrüstung
(Ihr könnt dort auch Kataloge anfordern)

Globetrotter- und Expeditionsausrüstung, Weisestr. 34, 1000
Berlin 31 (Tel. 0 30/6 21 75 59)

Globetrotter-Service, Konstanzer Str. 50, 1000 Berlin 31, (Tel.
0 30/87 11 54)

Globetrotter-Ausrüstung, Wandsbeker Chaussee 41, 2000
Hamburg 76 (Tel. 0 40/2 50 44 03)

Trans Globe, Weyerstr. 33, 5000 Köln 1 (Tel. 02 21/23 93 98)

Sine GmbH, Homburger Str. 26, 6000 Frankfurt/Main 90 (Tel.
06 11/77 77 23)

Äquator GmbH, Hohenzollernstr. 93, 8000 München 40 (Tel.
0 89/2 71 13 50)

Lauche & Maas, Alte Allee 28a, 8000 München 60 (Tel. 0 89/
88 07 05)

Därr Expeditions-Service, Theresienstr. 66, 8000 München 2
(Tel. 0 89/28 20 32)

Fernreisen mit einem Kraftfahrzeug

Um darüber mehr zu erfahren, solltet ihr euch bei Leuten
informieren, die so eine Reise seit kurzem hinter sich haben. Gebt
eine Anzeige in einer Stadtzeitung auf, oder erkundigt euch nach
Clubs oder Treffpunkten für Gleichgesinnte. Zweimal jährlich
findet z. B. in München ein Globetrotter-Treffen für Afrikarei-
sende statt. Informationen über genaue Zeitpunkte und die
Themen erhaltet ihr über:
Därr Expeditions-Service, Theresienstr. 66, 8000 München 2
(Tel. 0 89/28 20 32)

Allgemeine Auskünfte erteilen auch die ADAC-Hauptgeschäfts-
stellen.
Hier die Telefonnummern der wichtigsten Geschäftsstellen:
Berlin: 0 30/8 68 61
Frankfurt: 0 69/7 43 00
Hamburg: 0 40/2 39 90
Köln: 02 21/3 79 90
München: 0 89/5 19 50

Über Fernreisen mit dem Auto sind auch viele Bücher geschrieben
worden, in denen ihr gezielt nach Tips und Ratschlägen suchen
könnt.

Wichtige Veröffentlichungen

Wenn ihr in Länder der dritten Welt reist, solltet ihr nicht
versäumen, den „Touristen-Kompaß" anzufordern, den das Bun-
desministerium für wirtschaftliche Zusammenarbeit herausgege-
ben hat:
Information/Bildungsarbeit
Postfach 12 03 22
5300 Bonn 1

Auch der
Studienkreis für Tourismus e. V.
Dampfschiffstr. 2
8130 Starnberg
hat gute und wichtige Informationen zusammengetragen, die
lesenswert sind. Die einzelne Länder behandelnden „Sympathie-
Magazine", sind von dort gegen eine Voreinsendung von DM 2,50
in Briefmarken zu beziehen.

Eine kleine, über den Buchhandel erhältliche Auswahl an Reisesachbüchern:

„Handbuch für Rucksackreisen", W. Uhl (Pietsch Verlag)

„Weltführer für Reisen mit Rucksack", H. Seul (Selbstverlag)

„Im VW-Bus um die Erde", S. u. W. Tondok (über den Buchhandel erhältlich)

„Plants with a Purpose", Richard Mabey (Fontana UK)

In den Katalogen der Ausrüstungsgeschäfte findet ihr eine Riesenauswahl an Literatur.

„South American Explorer", Hilary Bradt (Bradt Enterprises. Dieser Verlag veröffentlicht übrigens ausgezeichnete Bücher über Nord- und Südamerika und Afrika. Auch in deutschen Buchhandlungen zu finden.)

Register